超易上手

象棋残局定式
转化训练

刘锦祺　编著

化学工业出版社

·北京·

图书在版编目（CIP）数据

超易上手 象棋残局定式转化训练/刘锦祺编
著 . —北京：化学工业出版社，2022.7
ISBN 978-7-122-41348-2

Ⅰ.①超… Ⅱ.①刘… Ⅲ.①中国象棋-残局（棋类
运动） Ⅳ.①G891.2

中国版本图书馆CIP数据核字（2022）第074391号

责任编辑：杨松淼　　　　　　　　装帧设计：李子姮
责任校对：王　静

出版发行：化学工业出版社（北京市东城区青年湖南街13号　邮政编码100011）
印　　装：大厂聚鑫印刷有限责任公司
880mm×1230mm　1/32　印张6¾　字数200千字　2022年7月北京第1版第1次印刷

购书咨询：010-64518888　　　　　售后服务：010-64518899
网　　址：http://www.cip.com.cn
凡购买本书，如有缺损质量问题，本社销售中心负责调换。

定　　价：49.80元

前　言

　　对于象棋初学者而言，学习残局的重要性是不言而喻的。通过学习残局，可以摸透各类棋子的特性，学会各种棋子间的基本配合，为进一步掌握各种复杂的战术组合打下坚实的基础。换句话说，棋手要想提高自己的棋艺水平，就必须要先过残局这一关。

　　那么如何提高残局水平呢，通常来讲主要有两种方法：其一是通过对残局定式的学习和积累，掌握丰富的局面转换技巧，把相对复杂的局面转换成主题鲜明的例胜、例和、巧胜、巧和的定式局面，之后只需按部就班地把残局定式走完，即可得到预期的结果；另一种方法则是通过打谱，学习和领悟高手在残局中的战术构思和意图，提高自己对残局的理解和判断能力。当然，如能将两种方法结合起来使用，效果是最好的。

　　在残局转换过程中，我们要根据局面的复杂程度，做出不同形式的处理。第一种情况是局面相对明朗，我们要力求直接把局面转换到既定的例胜、例和或巧胜、巧和的简单定式中来。第二种情况是双方尚处于纠缠当中，我们要学会迅速简化局面，使盘中子力对比虽在形式上与定式略有不同，但已能较为直观地看出棋局走势。

作为一本专门训练棋手找到残局主题、快速简化局面能力的练习册，全书共分为140个残局基本型，每一个基本型4道题，共计560个练习。相信通过对本书中训练内容的研习，读者朋友们的残局水平，会得到显著的提升。

刘锦祺

目 录

第 1 型　转换单兵例胜单将局面 / 001

第 2 型　转换低兵例和单士局面 / 002

第 3 型　转换低兵巧胜单士局面 / 003

第 4 型　转换单马例胜单士局面 / 004

第 5 型　转换单马例和单相局面 / 005

第 6 型　转换单马巧胜单象局面 / 006

第 7 型　转换炮仕（双仕）例胜双士局面 / 007

第 8 型　转换炮仕（双仕）例胜单象局面 / 008

第 9 型　转换单仕相例和炮士象局面 / 009

第 10 型　转换单车例胜双士局面 / 010

第 11 型　转换单车例胜双象局面 / 011

第 12 型　转换单车例胜单缺士局面 / 012

第 13 型　转换单车例胜单缺象局面 / 013

第 14 型　转换单车例和仕相全局面 / 014

第 15 型　转换单车例胜双卒局面 / 015

第 16 型　转换单车例和双仕双兵局面 / 016

第 17 型　转换单车例和双象（相）双卒（兵）局面 / 017

第 18 型　转换单车例和三兵局面 / 018

第 19 型　转换单车例胜马双士局面 / 019

第 20 型　转换单车巧胜马双象局面 / 020

第 21 型　转换单车例和马单缺相局面 / 021

第 22 型　转换单车例和马单缺仕局面 / 022

第 23 型　转换单车例和炮双仕局面 / 023

第 24 型　转换单车例和炮双相局面 / 024

第 25 型　转换单车巧胜双马局面 / 025

第 26 型　转换单车巧胜双炮局面 / 026

第 27 型　转换双兵例胜双象局面 / 027

第 28 型　转换双高（低）兵例胜双士局面 / 028

第 29 型　转换双高（低）兵例胜单马局面 / 029

第 30 型　转换双高（低）兵例胜单炮局面 / 030

第 31 型　转换马兵例胜单缺象局面 / 031

第 32 型　转换马高（低）兵对单缺士局面 / 032

第 33 型　转换马卒例和仕相全局面 / 033

第 34 型　转换马兵例胜单马局面 / 034

第 35 型　转换马兵例胜单炮局面 / 035

第 36 型　转换马兵胜马单士局面 / 036

第 37 型　转换马兵对马单象局面 / 037

第 38 型　转换马兵（卒）对炮单士（仕）局面 / 038

第 39 型　转换马兵胜炮单象局面 / 039

第 40 型　转换炮兵（卒）对单象（相）局面 / 040

第 41 型　转换炮高（低）兵胜双士局面 / 041

第 42 型　转换炮高（低）兵（卒）和双象（相）局面 / 042

第 43 型　转换炮兵双（单）仕例胜单缺士局面 / 043

第 44 型　转换炮兵双（单）仕例胜单缺象局面 / 044

第 45 型　转换炮高兵仕相全例胜士象全局面 / 045

第 46 型　转换炮兵双仕例胜双卒局面 / 046

第 47 型　转换炮兵双（单）仕例胜马单士局面 / 047

第 48 型　转换炮兵双仕胜马单象局面 / 048

第 49 型　转换炮兵双仕胜炮单象局面 / 049

第 50 型　转换车兵有仕相例胜双马局面 / 050

第 51 型　转换车兵有仕相例胜双炮局面 / 051

第 52 型　转换车兵有仕相例胜马炮局面 / 052

第 53 型　转换车低兵例胜单车局面 / 053

第 54 型　转换炮仕相全例和车卒局面 / 054

第 55 型　转换车兵有仕相例胜马士象全局面 / 055

第 56 型　转换车兵（卒）有仕相（士象）对车单象（相）局面 / 056

第 57 型　转换车兵有仕相对车单士局面 / 057

第 58 型　转换车兵有仕相胜双马双象局面 / 058

第 59 型　转换车兵有仕相胜双马双士局面 / 059

第 60 型　转换车兵有仕相胜双炮双士局面 / 060

第 61 型　转换车马例胜马士象全局面 / 061

第 62 型　转换车马例胜炮士象全局面 / 062

第 63 型　转换车马有仕相例胜双马双象局面 / 063

第 64 型　转换车马有仕相例胜双马双士局面 / 064

第 65 型　转换车马有仕相例胜马炮双士局面 / 065

第 66 型　转换车马有仕相例胜马炮双象局面 / 066

第 67 型　转换车马有仕相例胜双炮双士局面 / 067

第 68 型　转换车马有仕相例胜双炮双象局面 / 068

第 69 型　转换车马有仕相例胜双炮单缺象局面 / 069

第 70 型　转换车马有仕相例胜车单士象局面 / 070

第 71 型　转换车马有仕相例胜车双士局面 / 071

第 72 型　转换车马有士象例和车单缺相局面 / 072

第 73 型　转换车炮有仕相例胜双马士象全局面 / 073

第 74 型　转换车炮有仕相（士象）例和双炮士象（仕相）全局面 / 074

第 75 型　转换车炮有仕相例胜车双士局面 / 075

第 76 型　转换车炮双相（象）例和车双象（相）局面 / 076

第 77 型　转换车炮有仕相例胜车双象局面 / 077

第 78 型　转换车炮单缺相例胜车单缺象局面 / 078

第 79 型　转换车炮单缺相例胜车单缺士局面 / 079

第 80 型　转换车炮仕相（士象）全例和单车士象（仕相）全局面 / 080

第 81 型　转换双马例胜士象全局面 / 081

第 82 型　转换双马有仕相例胜马单士象局面 / 082

第 83 型　转换双马有仕相例胜马双士局面 / 083

第 84 型　转换双马有仕相例胜马双象局面 / 084

第 85 型　转换双马有仕相例胜炮单士象局面 / 085

第 86 型　转换双马有仕相例胜炮双士局面 / 086

第 87 型　转换双马有士象例和炮双相局面 / 087

第 88 型　转换双炮例胜单士象局面 / 088

第 89 型　转换双炮例和炮双象（相）局面 / 089

第 90 型　转换双炮有仕相例胜士象全局面 / 090

第 91 型　转换双炮有仕相例胜双士双高卒局面 / 091

第 92 型　转换双炮有仕相例胜马双士局面 / 092

第 93 型　转换双炮有仕相例胜马双象局面 / 093

第 94 型　转换双炮（有仕）对单炮局面 / 094

第 95 型　转换双炮双仕（有相）例胜炮双士局面 / 095

第 96 型　转换双炮仕相（士象）全例和炮双象（相）局面 / 096

第 97 型　转换马炮例胜士象全局面 / 097

第 98 型　转换马炮有仕例胜马双士局面 / 098

第 99 型　转换马炮有仕相例胜马双象局面 / 099

第 100 型　转换马炮仕相全例胜马士象全局面 / 100

第 101 型　转换马炮有仕相例胜炮双士局面 / 101

第 102 型　转换马炮有仕相例胜炮双象局面 / 102

第 103 型　转换马炮有仕相（士象）例和炮士象（仕相）全局面 / 103

第 104 型　转换双车例胜双马士象全局面 / 104

第 105 型　转换双车例和双炮仕相全局面 / 105

第 106 型　转换双车例和车士象（仕相）全局面 / 10G

第 107 型　转换双车有仕相例胜车马双士局面 / 107

第 108 型　转换双车有仕相（士象）例和车马士象（仕相）全局面 / 108

第 109 型　转换双车有仕相（士象）例和车炮双士（仕）局面 / 109

第 110 型　转换双车有仕相例胜车炮双象局面 / 110

第 111 型　转换三兵有仕相胜士象全局面 / 111

第 112 型　转换三兵有仕相例胜马双象局面 / 112

第 113 型　转换三兵有仕相例胜炮双象局面 / 113

第 114 型　转换马双兵例胜马双士局面 / 114

第 115 型　转换马双兵例胜马单缺士局面 / 115

第 116 型　转换马双兵例和马士象全局面 / 116

第 117 型　转换马双兵例胜炮单缺士局面 / 117

第 118 型　转换马双兵例胜炮单缺象局面 / 118

第 119 型　转换马双兵（卒）例和炮士象（仕相）全局面 / 119

第 120 型　转换炮双兵（卒）有仕相（士象）例和马士象（仕相）

　　　　　全局面 / 120

第 121 型　转换炮双兵仕相全例胜炮双士局面 / 121

第 122 型　转换炮双兵（卒）仕相（士象）全例和炮士象（仕相）

　　　　　全局面 / 122

第 123 型　转换车双兵有仕相例胜马炮士象全局面 / 123

第 124 型　转换车双兵有仕相例胜双马士象全局面 / 124

第 125 型　转换车双兵有仕相例胜双炮士象全局面 / 125

第 126 型　转换车双兵有仕相例胜车单缺士局面 / 126

第 127 型　转换车双兵有仕相例胜车单缺象局面 / 127

第 128 型　转换车双卒有士象例和车仕相全局面 / 128

第 129 型　转换双马兵有仕相例胜马士象全局面 / 129

第 130 型　转换双马兵有仕相例胜炮士象全局面 / 130

第 131 型　转换双马兵有仕相例胜双马士局面 / 131

第 132 型　转换双马兵有仕相例胜双马象局面 / 132

第 133 型　转换双马兵有仕相例胜双炮士局面 / 133

第 134 型　转换双马兵有仕相例胜双炮象局面 / 134

第 135 型　转换车马高兵有仕相例胜车士象全局面 / 135

第 136 型　转换车马高兵仕相全例胜车炮双士局面 / 136

第 137 型　转换车炮高兵仕相全例胜车马双士局面 / 137

第 138 型　转换马炮兵仕相全例胜双马双士局面 / 138

第 139 型　转换马炮兵仕相全例胜双炮双士局面 / 139

第 140 型　转换马炮兵仕相全例胜马炮双象局面 / 140

参考答案 / 141

第1型　转换单兵例胜单将局面

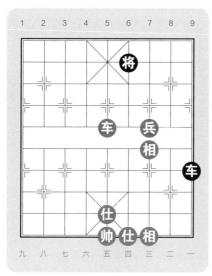

第1题

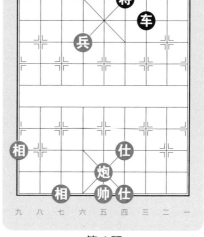

第2题

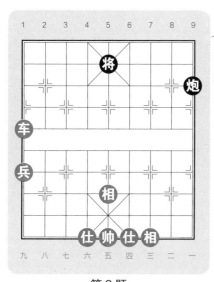

第3题

第4题

第2型 转换低兵例和单士局面

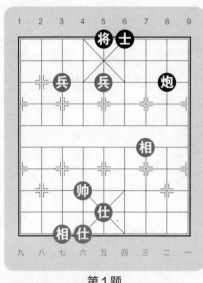

第1题

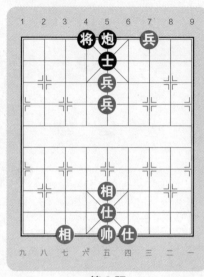

第2题

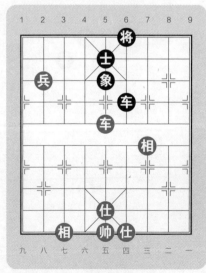

第3题

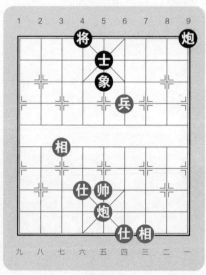

第4题

第3型 转换低兵巧胜单士局面

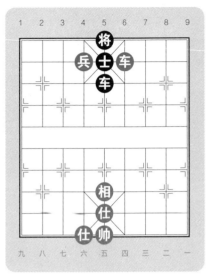

第1题

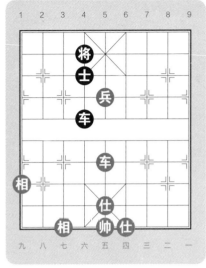

第2题

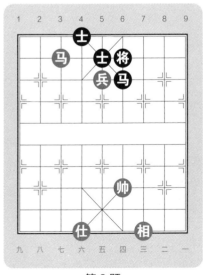

第3题

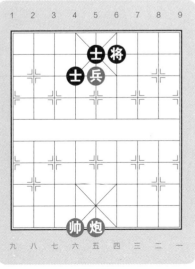

第4题

第4型 转换单马例胜单士局面

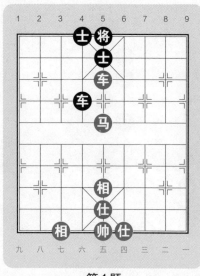

第1题

第2题

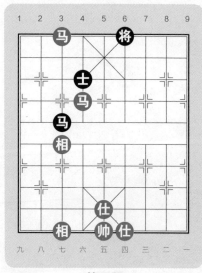

第3题

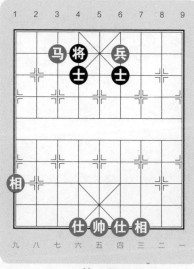

第4题

第5型 转换单马例和单相局面

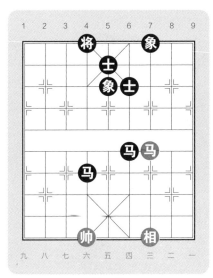

第1题

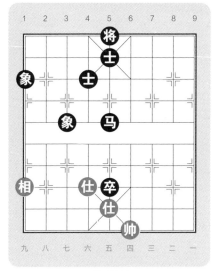

第2题

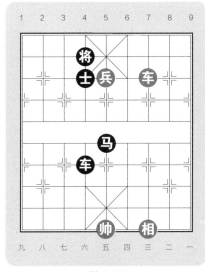

第3题

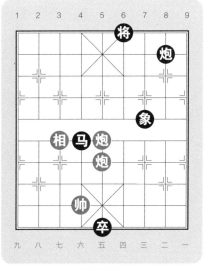

第4题

第6型 转换单马巧胜单象局面

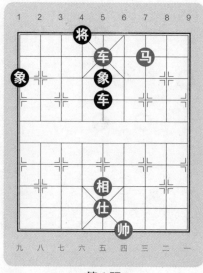

第1题

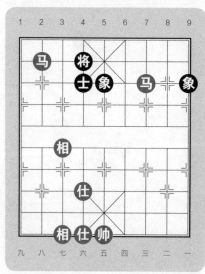

第2题

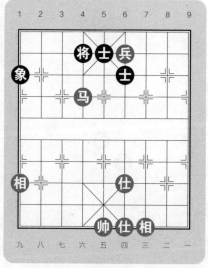

第3题

第4题

第7型　转换炮仕（双仕）例胜双士局面

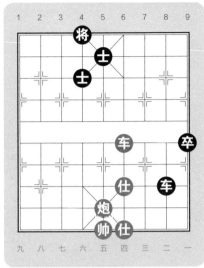

第1题

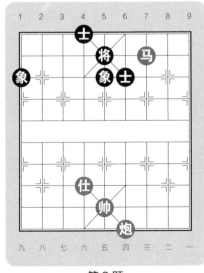

第3题

第2题

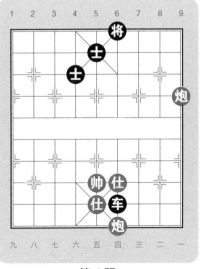

第4题

第8型 转换炮仕（双仕）例胜单象局面

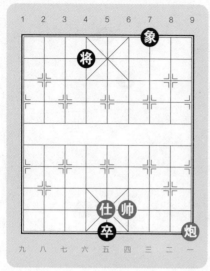

第1题

第2题

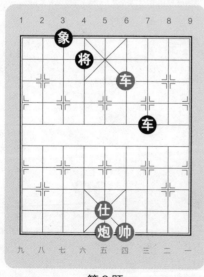

第3题

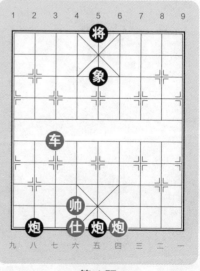

第4题

第9型 转换单仕相例和炮士象局面

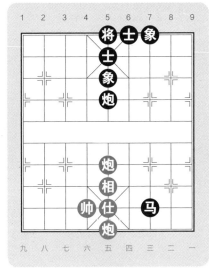

第1题

第2题

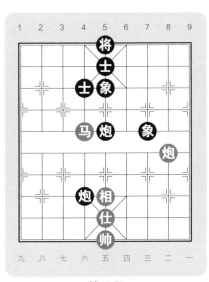

第3题

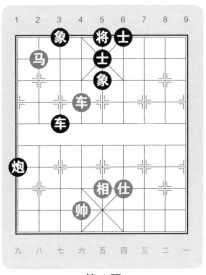

第4题

第 10 型　转换单车例胜双士局面

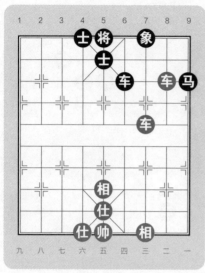

第1题

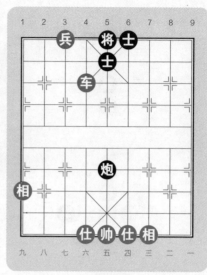

第2题

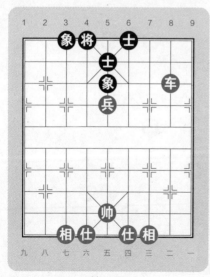

第3题

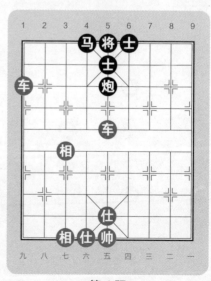

第4题

第 11 型　转换单车例胜双象局面

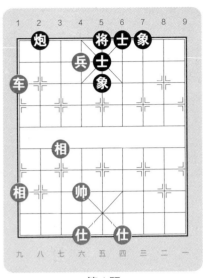

第1题

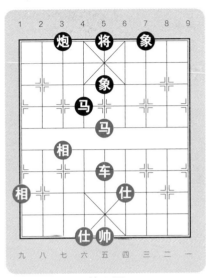

第2题

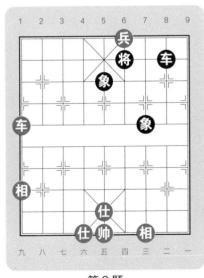

第3题

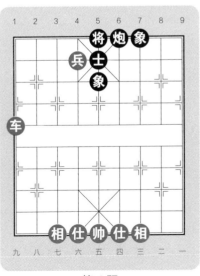

第4题

第12型 转换单车例胜单缺士局面

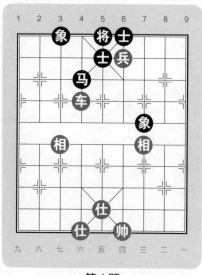

第1题

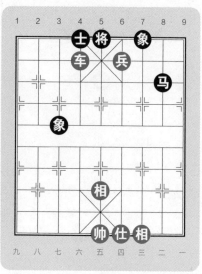

第2题

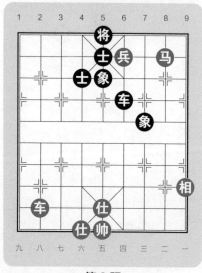

第3题

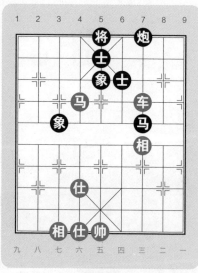

第4题

第13型 转换单车例胜单缺象局面

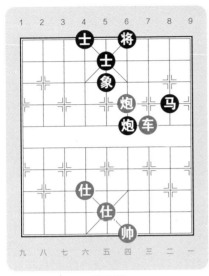

第1题

第2题

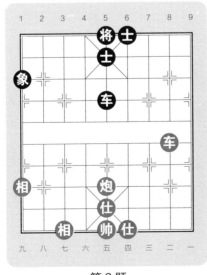

第3题

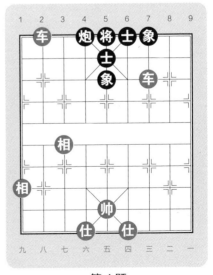

第4题

第14型 转换单车例和仕相全局面

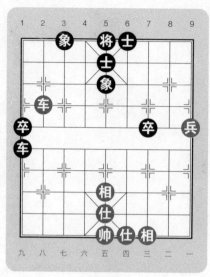

第1题

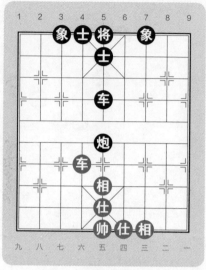

第2题

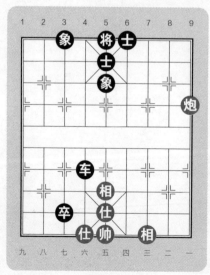

第3题

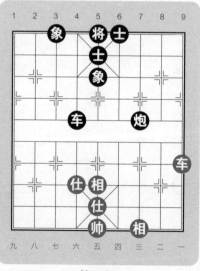

第4题

第15型　转换单车例胜双卒局面

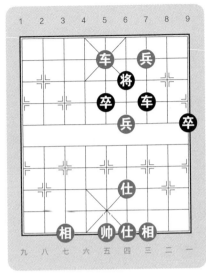

第1题

第2题

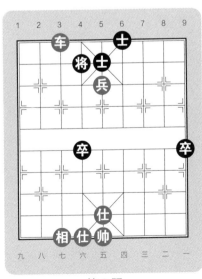

第3题

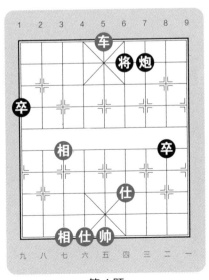

第4题

第 16 型　转换单车例和双仕双兵局面

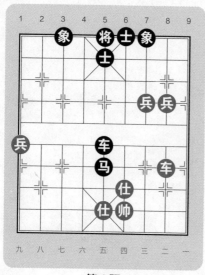

第 1 题

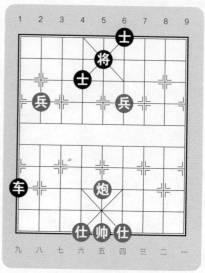

第 2 题

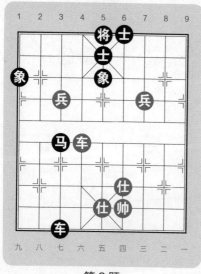

第 3 题

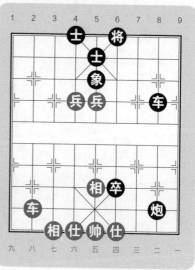

第 4 题

第17型 转换单车例和双象（相）双卒（兵）局面

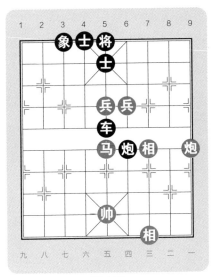

第1题

第2题

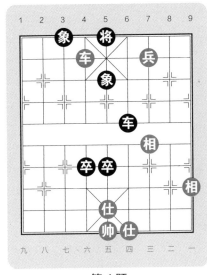

第3题

第4题

第18型 转换单车例和三兵局面

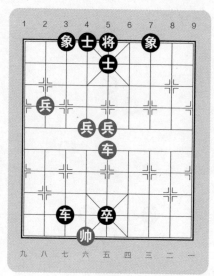

第1题

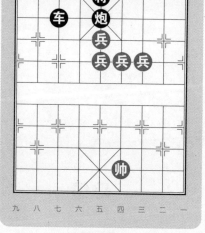

第2题

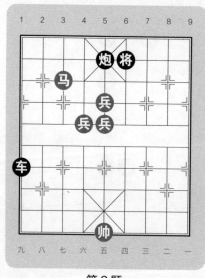

第3题

第4题

第 19 型　转换单车例胜马双士局面

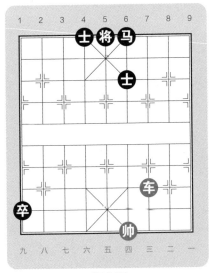

第 1 题

第 2 题

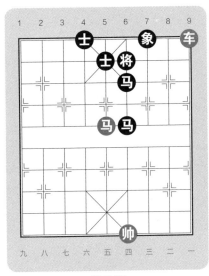

第 3 题

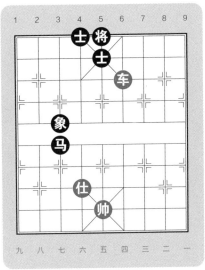

第 4 题

第20型 转换单车巧胜马双象局面

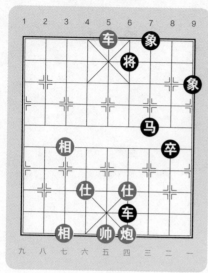

第1题

第2题

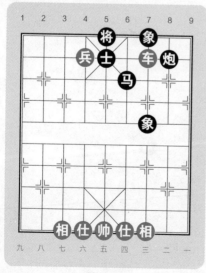

第3题

第4题

第 21 型　转换单车例和马单缺相局面

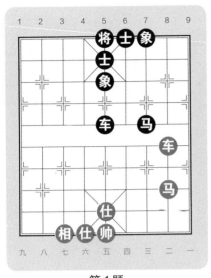

第1题

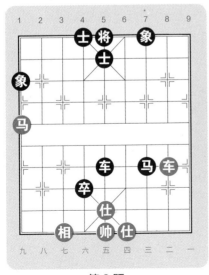

第2题

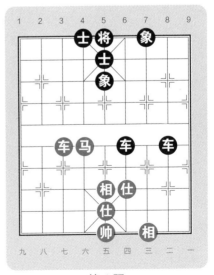

第3题

第4题

第 22 型 转换单车例和马单缺仕局面

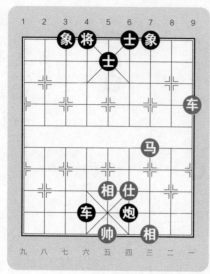

第 1 题

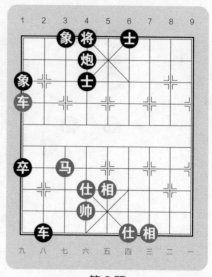

第 2 题

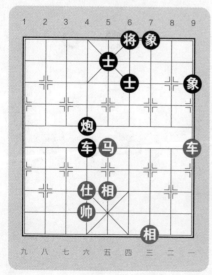

第 3 题

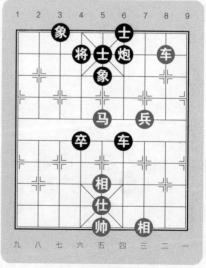

第 4 题

第 23 型　转换单车例和炮双仕局面

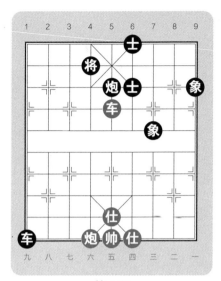

第 1 题

第 2 题

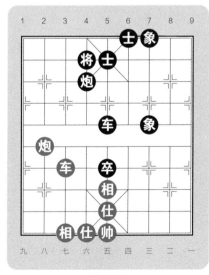

第 3 题

第 4 题

第 24 型　转换单车例和炮双相局面

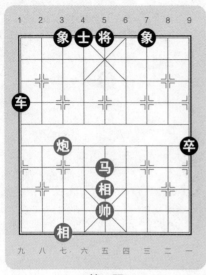

第1题

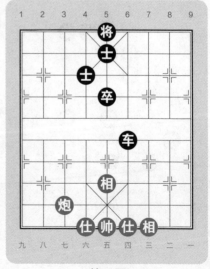

第2题

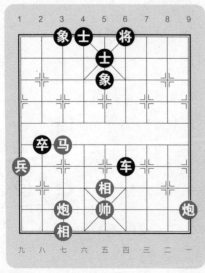

第3题

第4题

第 25 型 转换单车巧胜双马局面

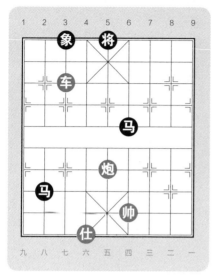

第1题

第2题

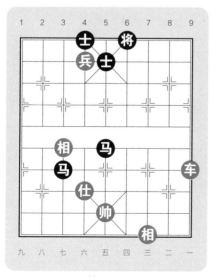

第3题

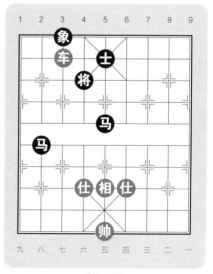

第4题

第 26 型　转换单车巧胜双炮局面

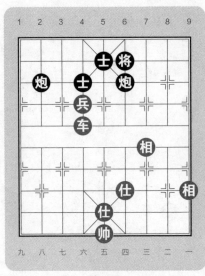

第1题

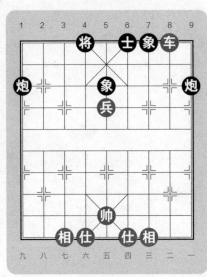

第2题

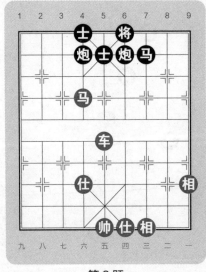

第3题

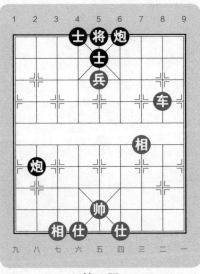

第4题

第27型 转换双兵例胜双象局面

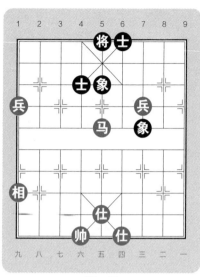

第1题

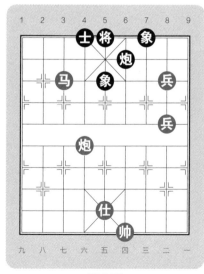

第2题

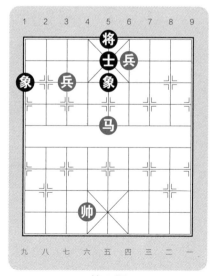

第3题

第4题

第28型 转换双高（低）兵例胜双士局面

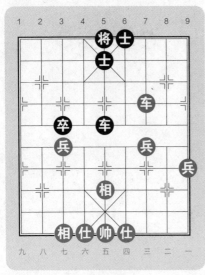

第1题

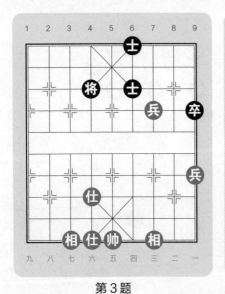

第2题

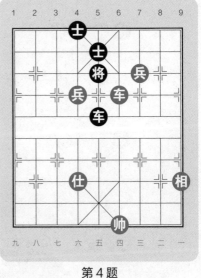

第3题

第4题

第 29 型　转换双高（低）兵例胜单马局面

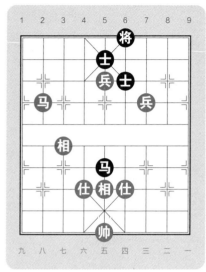

第1题

第2题

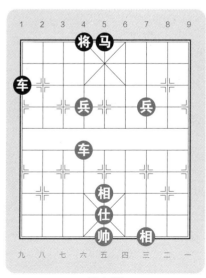

第3题

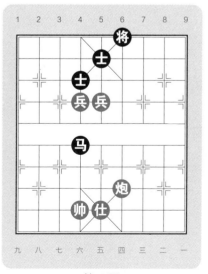

第4题

第30型 转换双高（低）兵例胜单炮局面

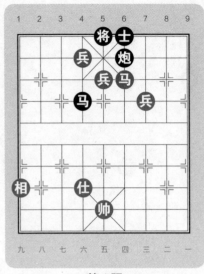

第1题

第2题

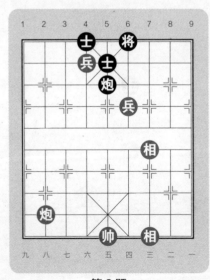

第3题

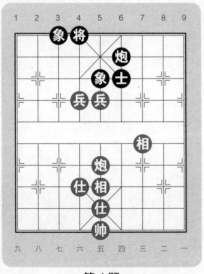

第4题

第31型 转换马兵例胜单缺象局面

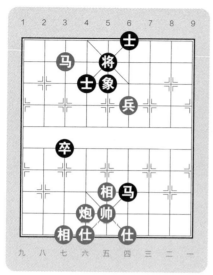

第1题

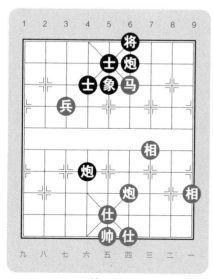

第2题

第3题

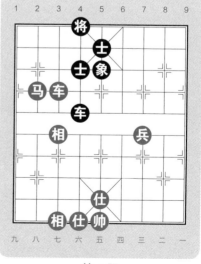

第4题

第32型 转换马高（低）兵对单缺士局面

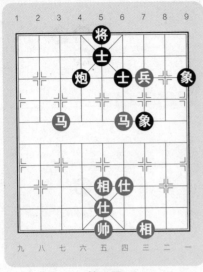

第1题

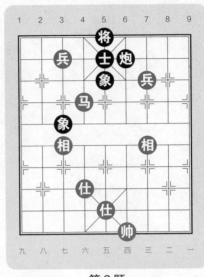

第2题

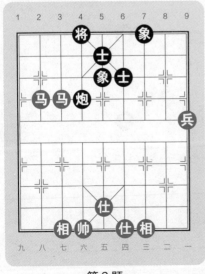

第3题

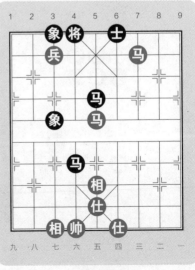

第4题

第33型　转换马卒例和仕相全局面

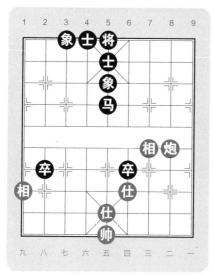

第1题

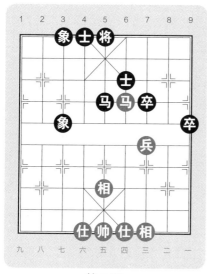

第2题

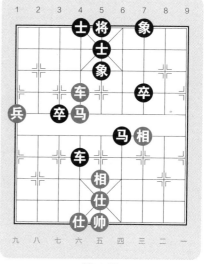

第3题

第4题

第 34 型　转换马兵例胜单马局面

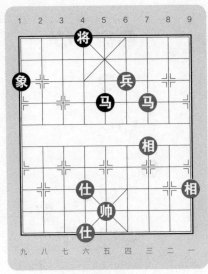

第1题

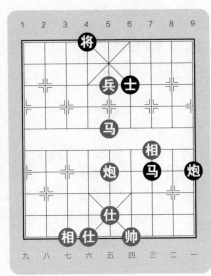

第2题

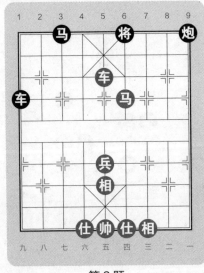

第3题

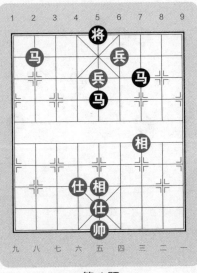

第4题

第35型 转换马兵例胜单炮局面

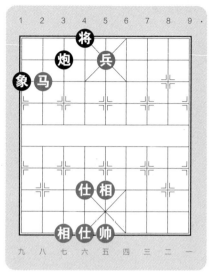

第1题

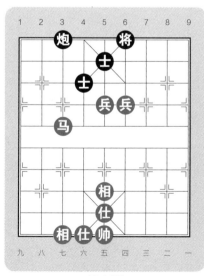

第2题

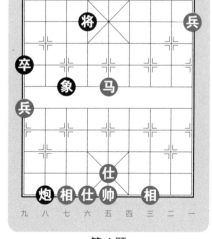

第3题

第4题

第36型　转换马兵胜马单士局面

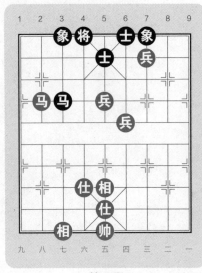

第1题

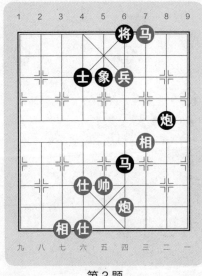

第2题

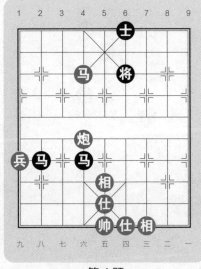

第3题

第4题

第 37 型　转换马兵对马单象局面

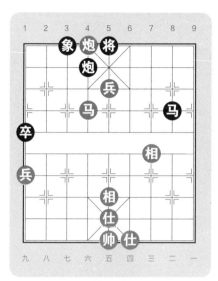

第 1 题

第 2 题

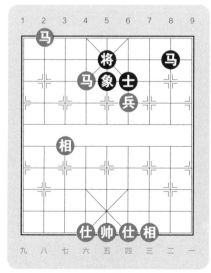

第 3 题

第 4 题

第38型 转换马兵（卒）对炮单士（仕）局面

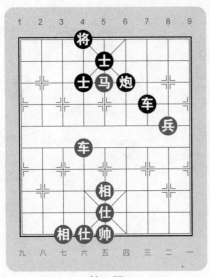

第1题

第2题

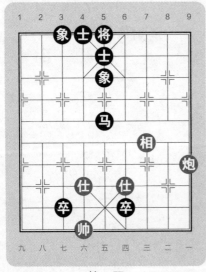

第3题

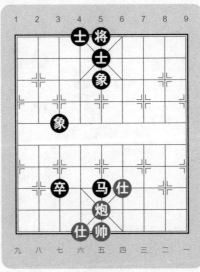

第4题

第39型 转换马兵胜炮单象局面

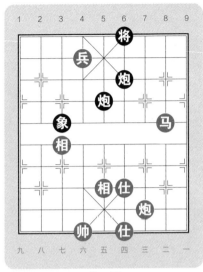

第1题

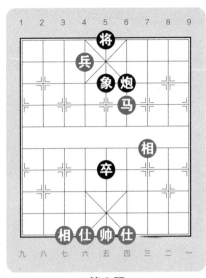

第2题

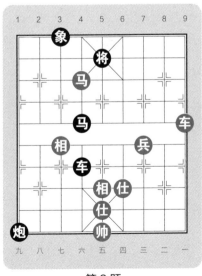

第3题

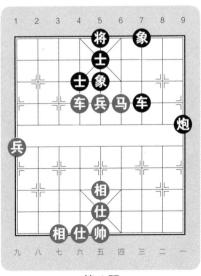

第4题

第40型　转换炮兵（卒）对单象（相）局面

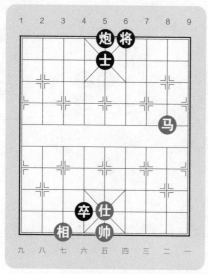

第1题

第2题

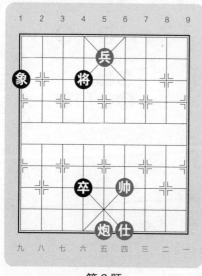

第3题

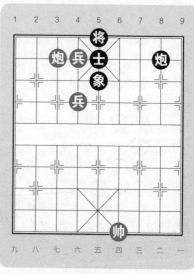

第4题

第41型　转换炮高（低）兵胜双士局面

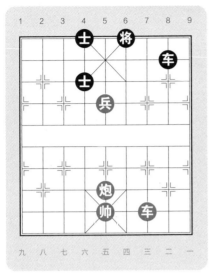

第1题

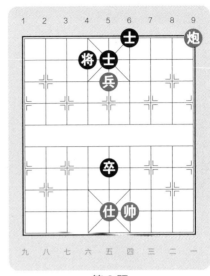

第2题

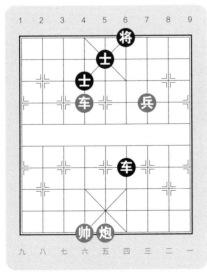

第3题

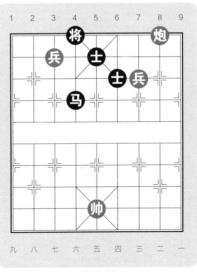

第4题

第42型 转换炮高（低）兵（卒）和双象（相）局面

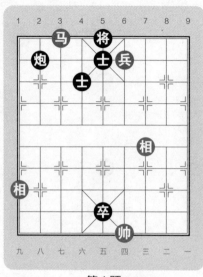

第1题

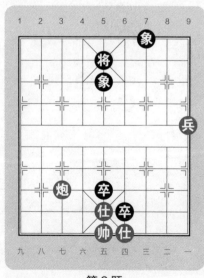

第3题

第2题

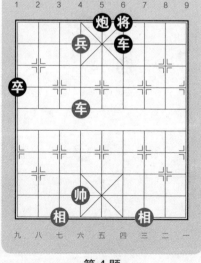

第4题

第43型 转换炮兵双（单）仕例胜单缺士局面

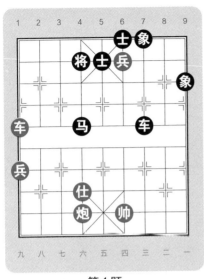

第1题

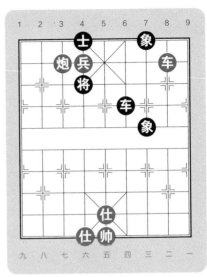

第2题

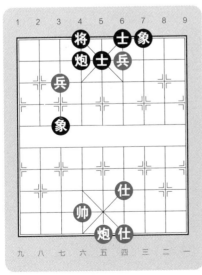

第3题

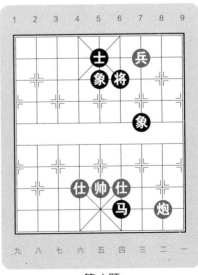

第4题

第44型 转换炮兵双（单）仕例胜单缺象局面

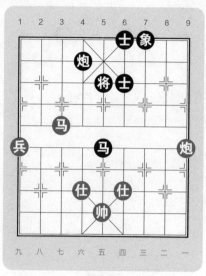

第1题

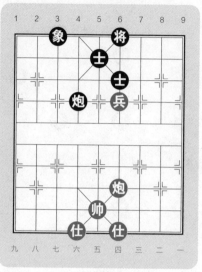

第2题

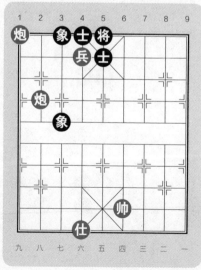

第3题

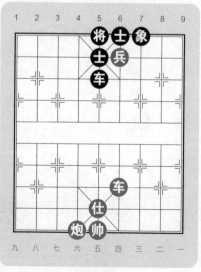

第4题

第45型 转换炮高兵仕相全例胜士象全局面

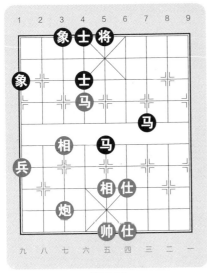

第1题

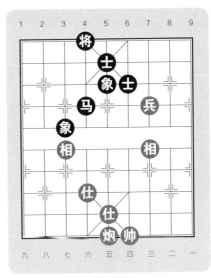

第2题

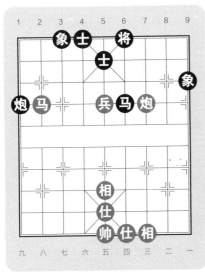

第3题

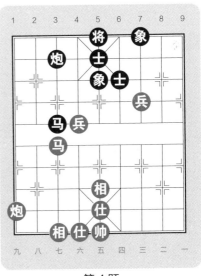

第4题

第46型 转换炮兵双仕例胜双卒局面

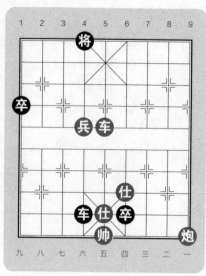

第1题

第2题

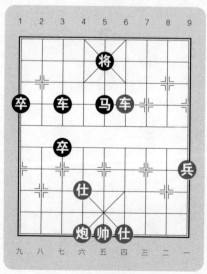

第3题

第4题

第 47 型　转换炮兵双（单）仕例胜马单士局面

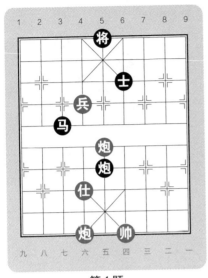

第1题

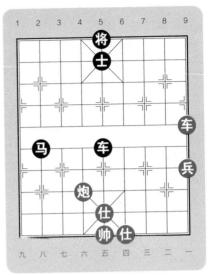

第2题

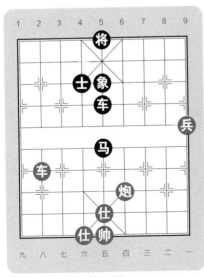

第3题

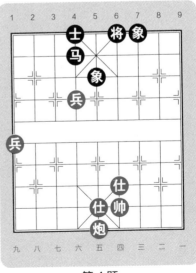

第4题

第 48 型　转换炮兵双仕胜马单象局面

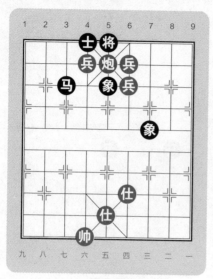

第 1 题

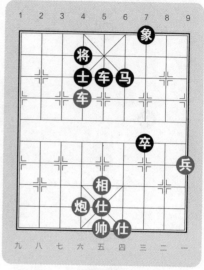

第 2 题

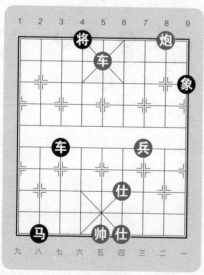

第 3 题

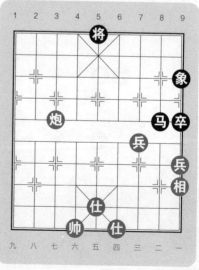

第 4 题

第49型 转换炮兵双仕胜炮单象局面

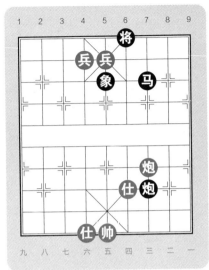

第1题

第2题

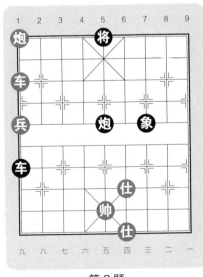

第3题

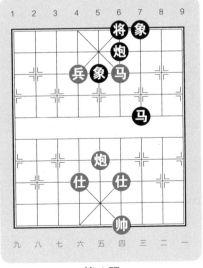

第4题

第50型 转换车兵有仕相例胜双马局面

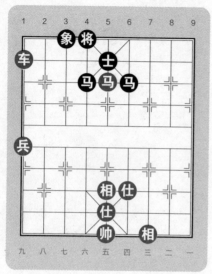

第1题

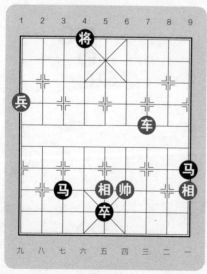

第2题

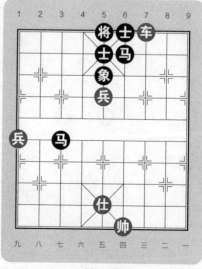

第3题

第4题

第51型 转换车兵有仕相例胜双炮局面

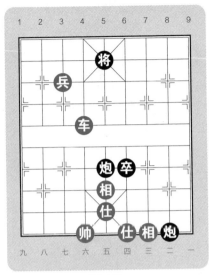

第1题

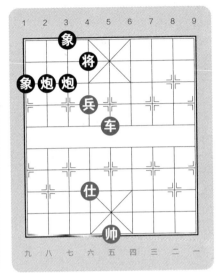

第2题

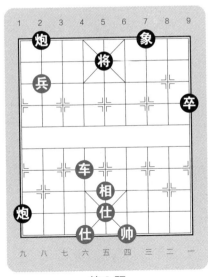

第3题

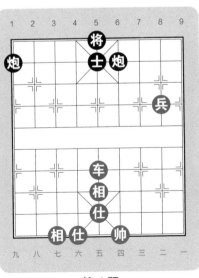

第4题

第52型 转换车兵有仕相例胜马炮局面

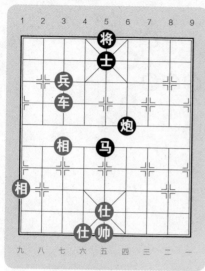

第1题

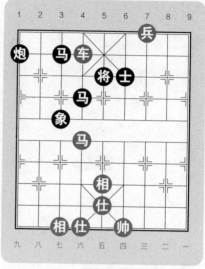

第2题

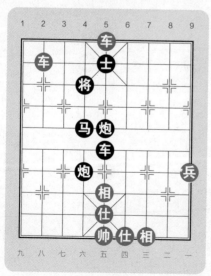

第3题

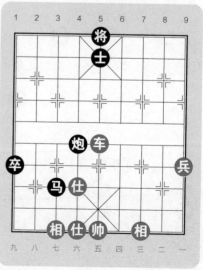

第4题

第 53 型　转换车低兵例胜单车局面

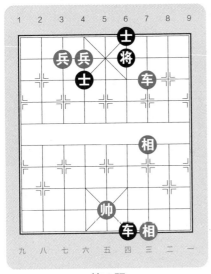

第1题

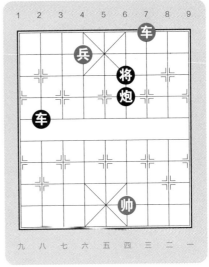

第2题

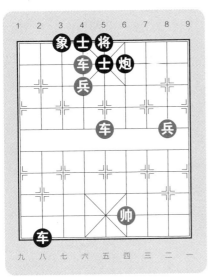

第3题

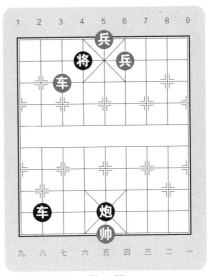

第4题

第54型 转换炮仕相全例和车卒局面

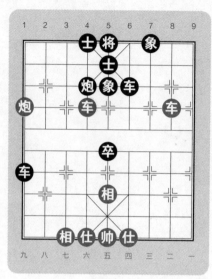

第1题

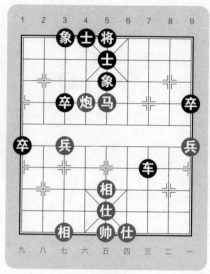

第2题

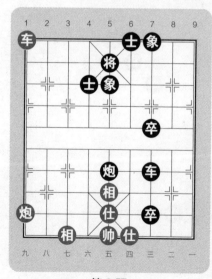

第3题

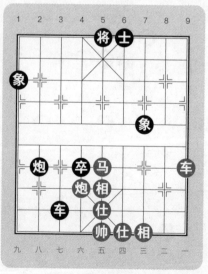

第4题

第55型　转换车兵有仕相例胜马士象全局面

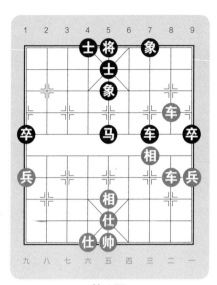

第1题　　　　　　　　　第2题

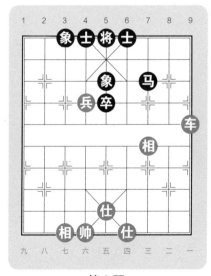

第3题　　　　　　　　　第4题

第56型 转换车兵（卒）有仕相（士象）对车单象（相）局面

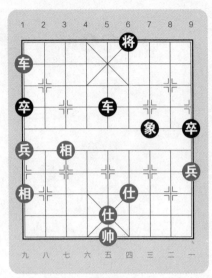

第1题

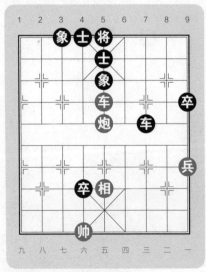

第2题

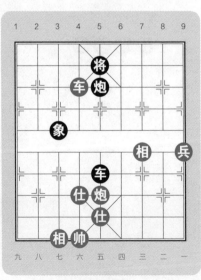

第3题

第4题

第57型　转换车兵有仕相对车单士局面

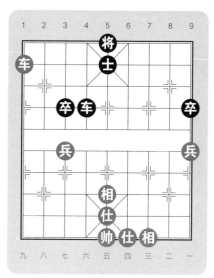

第1题

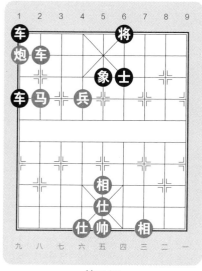

第3题

第2题

第4题

第58型 转换车兵有仕相胜双马双象局面

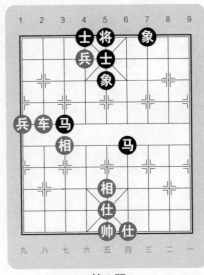

第1题

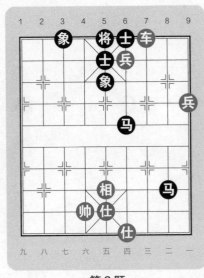

第2题

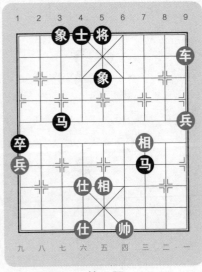

第3题

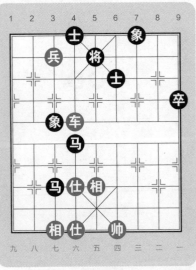

第4题

第 59 型　转换车兵有仕相胜双马双士局面

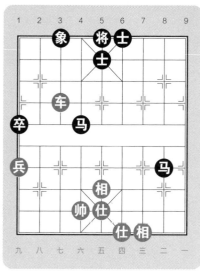

第 1 题

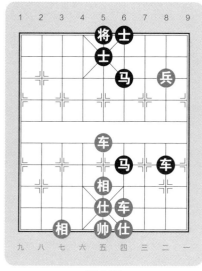

第 2 题

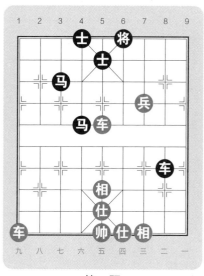

第 3 题

第 4 题

第60型 转换车兵有仕相胜双炮双士局面

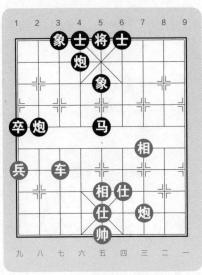

第1题

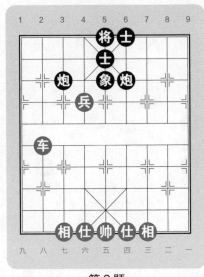

第2题

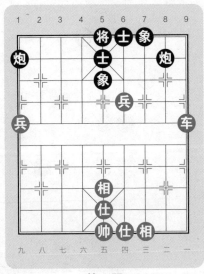

第3题

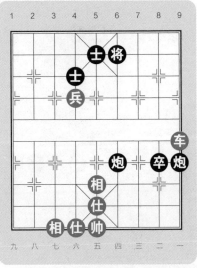

第4题

第61型 转换车马例胜马士象全局面

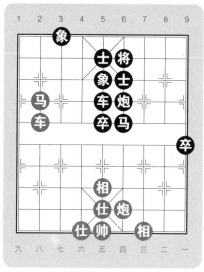

第1题

第2题

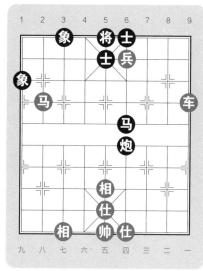

第3题

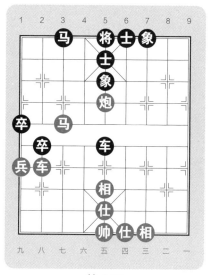

第4题

第62型 转换车马例胜炮士象全局面

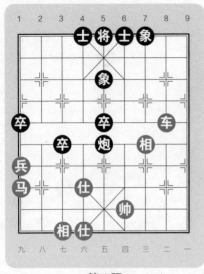

第1题

第2题

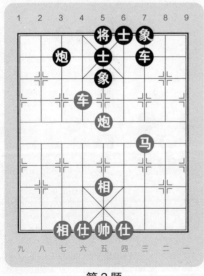

第3题

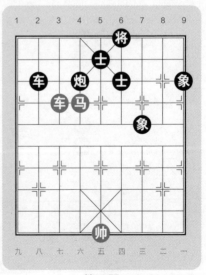

第4题

第63型　转换车马有仕相例胜双马双象局面

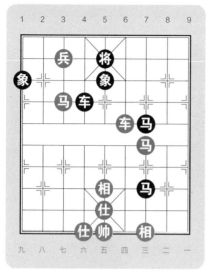

第1题

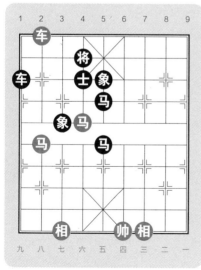

第2题

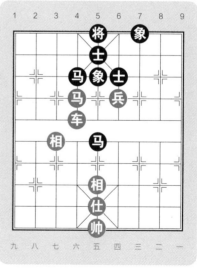

第3题

第4题

第64型 转换车马有仕相例胜双马双士局面

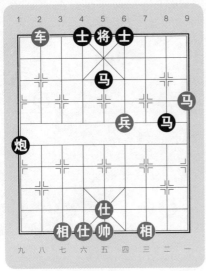

第1题

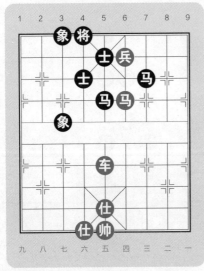

第2题

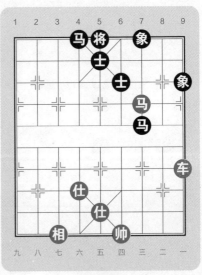

第3题

第4题

第 65 型　转换车马有仕相例胜马炮双士局面

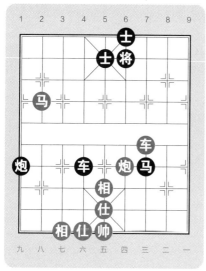

第1题

第2题

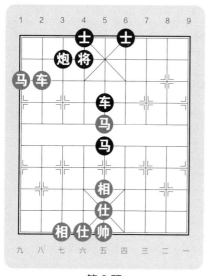

第3题

第4题

第66型 转换车马有仕相例胜马炮双象局面

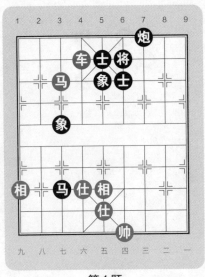

第1题

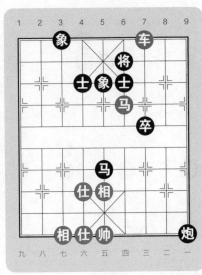

第2题

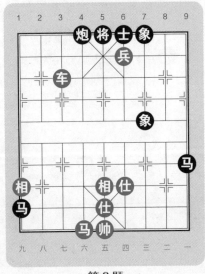

第3题

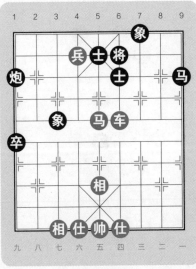

第4题

第67型 转换车马有仕相例胜双炮双士局面

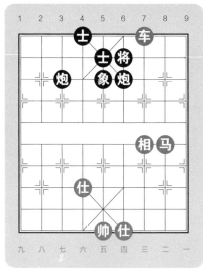

第1题

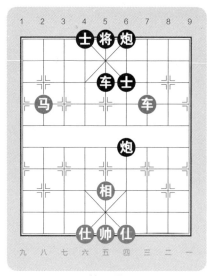

第2题

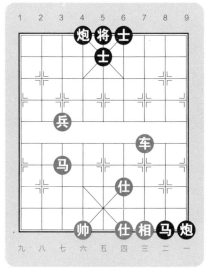

第3题

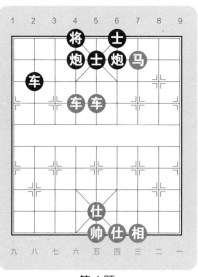

第4题

第68型　转换车马有仕相例胜双炮双象局面

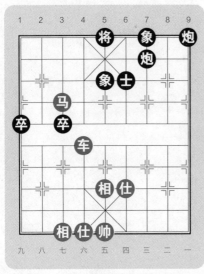

第1题

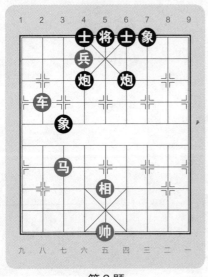

第3题

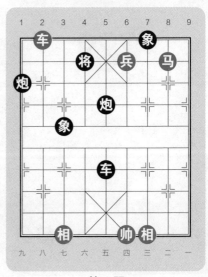

第2题

第4题

第 69 型　转换车马有仕相例胜双炮单缺象局面

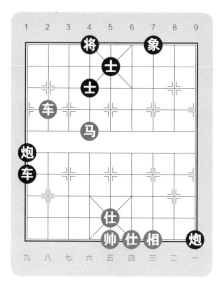

第 1 题

第 2 题

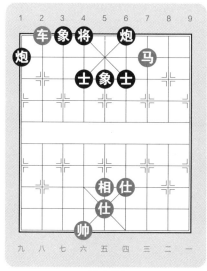

第 3 题

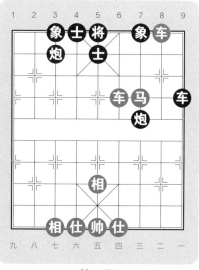

第 4 题

第70型　转换车马有仕相例胜车单士象局面

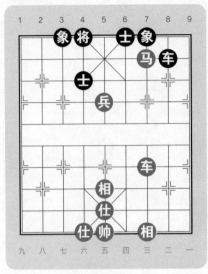

第1题

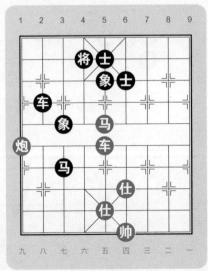

第3题

第2题

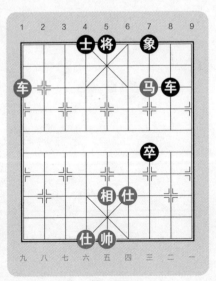

第4题

第71型　转换车马有仕相例胜车双士局面

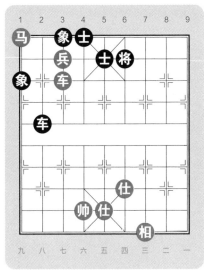

第1题

第2题

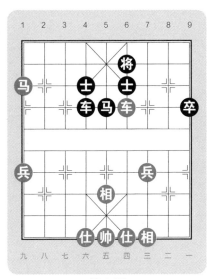

第3题

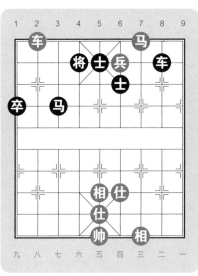

第4题

第72型 转换车马有士象例和车单缺相局面

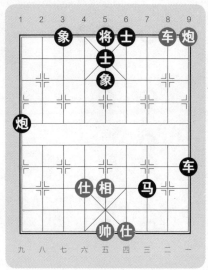

第1题

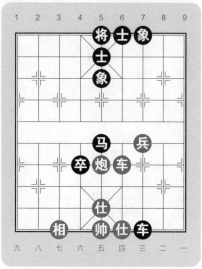

第2题

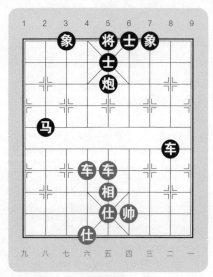

第3题

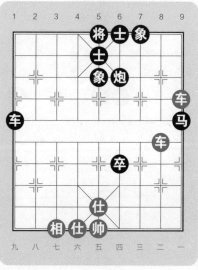

第4题

第73型　转换车炮有仕相例胜双马士象全局面

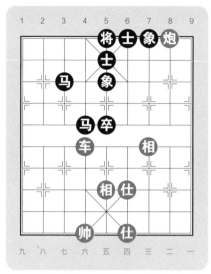

第1题

第2题

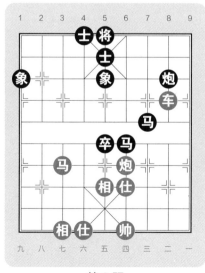

第3题

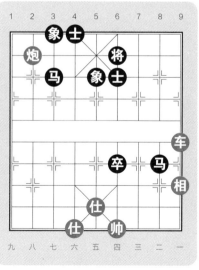

第4题

第74型 转换车炮有仕相（士象）例和双炮士象（仕相）全局面

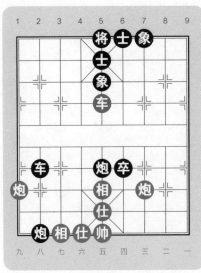

第1题

第2题

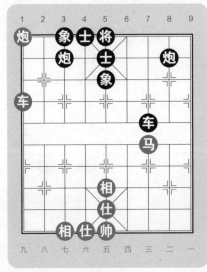

第3题

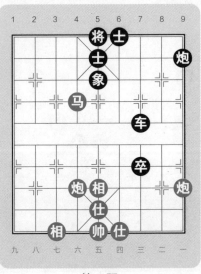

第4题

第75型 转换车炮有仕相例胜车双士局面

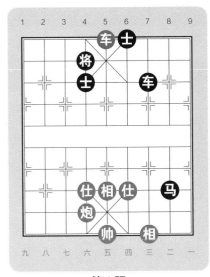

第1题

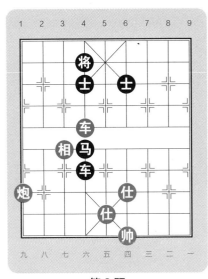

第2题

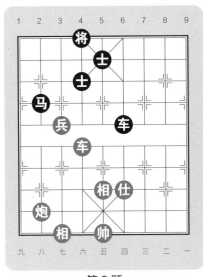

第3题

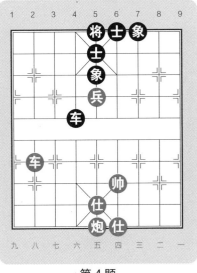

第4题

第76型　转换车炮双相（象）例和车双象（相）局面

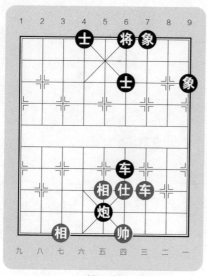

第1题

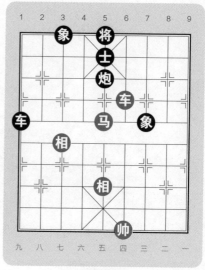

第2题

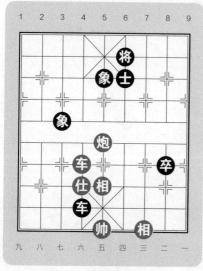

第3题

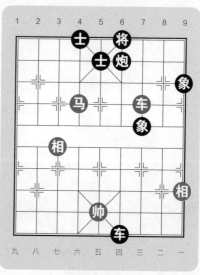

第4题

第77型　转换车炮有仕相例胜车双象局面

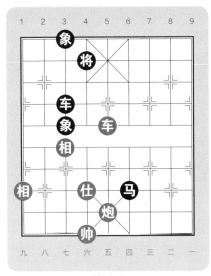

第1题

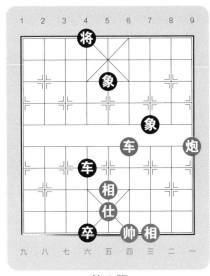

第2题

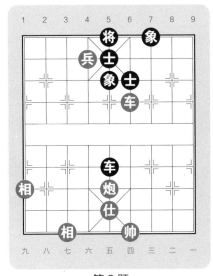

第3题

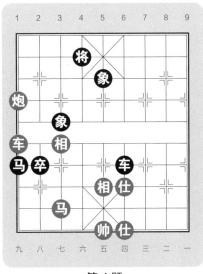

第4题

第78型 转换车炮单缺相例胜车单缺象局面

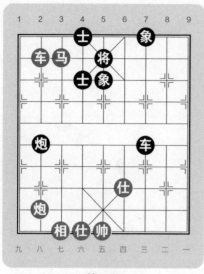

第1题

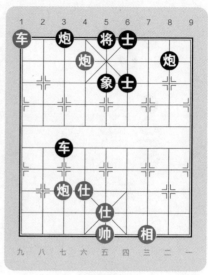

第2题

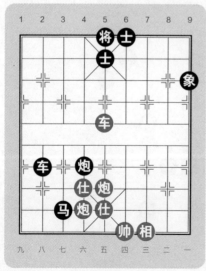

第3题

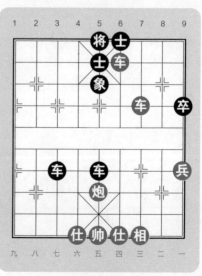

第4题

第 79 型　转换车炮单缺相例胜车单缺士局面

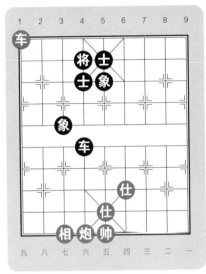

第1题

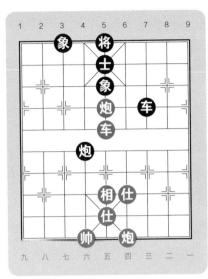

第2题

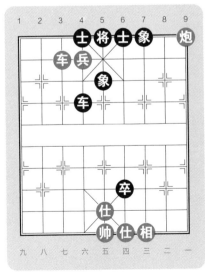

第3题

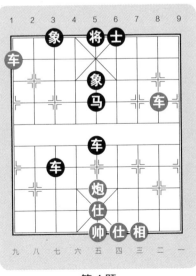

第4题

第 80 型　转换车炮仕相（士象）全例和单车士象（仕相）全局面

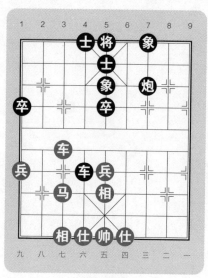

第 1 题

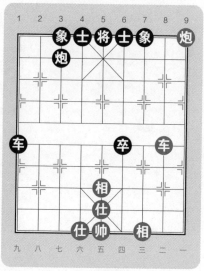

第 2 题

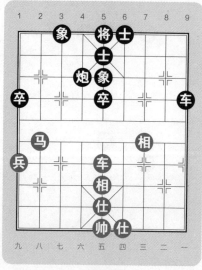

第 3 题

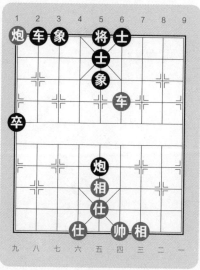

第 4 题

第81型 转换双马例胜士象全局面

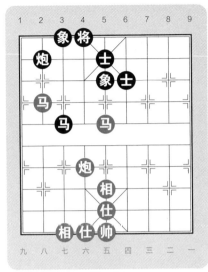

第1题

第2题

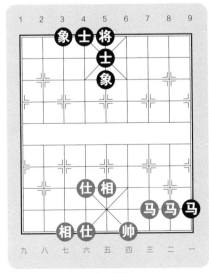

第3题

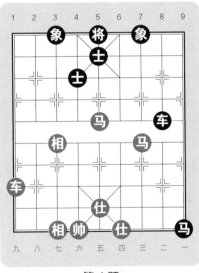

第4题

第82型 转换双马有仕相例胜马单士象局面

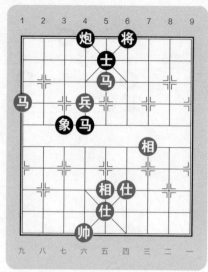

第1题

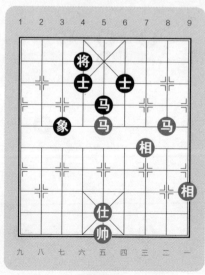

第2题

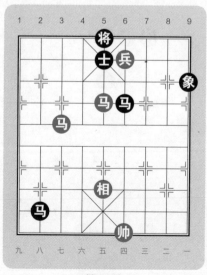

第3题

第4题

第83型 转换双马有仕相例胜马双士局面

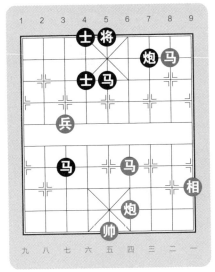

第1题

第2题

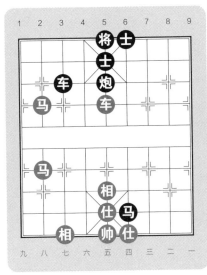

第3题

第4题

第84型 转换双马有仕相例胜马双象局面

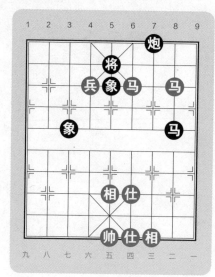

第1题

第2题

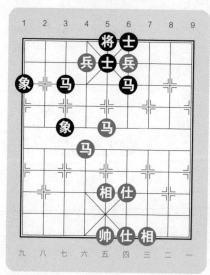

第3题

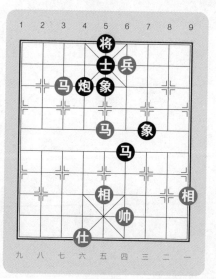

第4题

第85型 转换双马有仕相例胜炮单士象局面

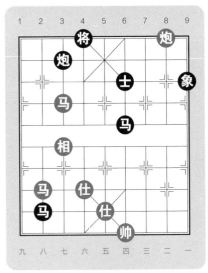

第1题

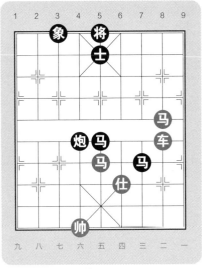

第2题

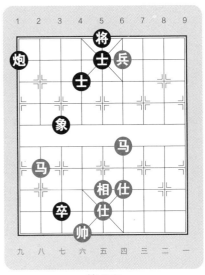

第3题

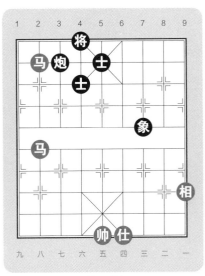

第4题

第86型 转换双马有仕相例胜炮双士局面

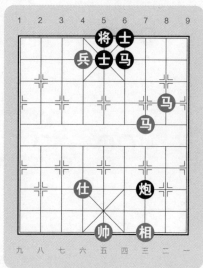

第1题

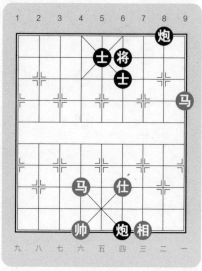

第2题

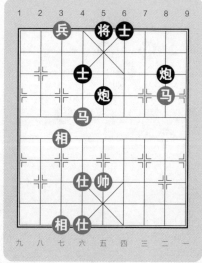

第3题

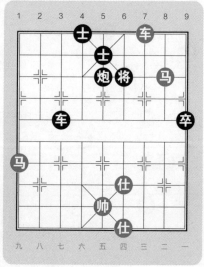

第4题

第87型 转换双马有士象例和炮双相局面

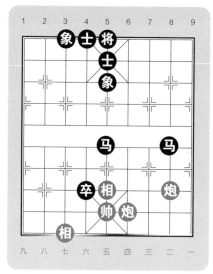

第1题

第2题

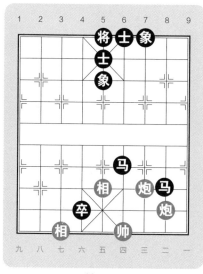

第3题

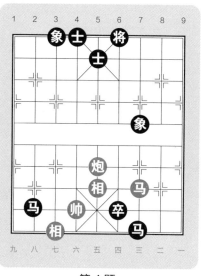

第4题

第88型 转换双炮例胜单士象局面

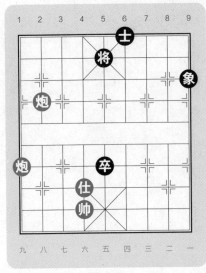

第1题

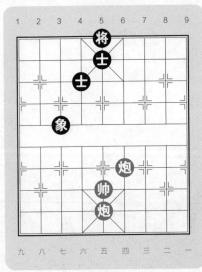

第2题

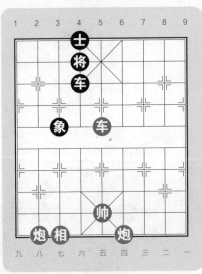

第3题

第4题

第89型　转换双炮例和炮双象（相）局面

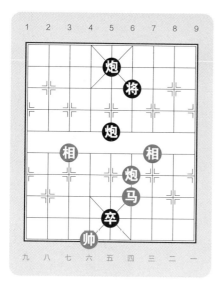

第1题

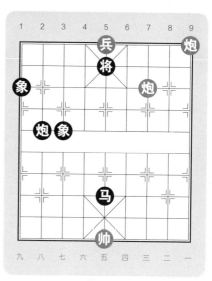

第2题

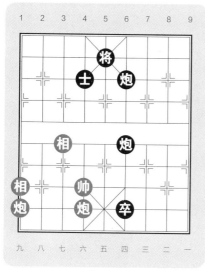

第3题

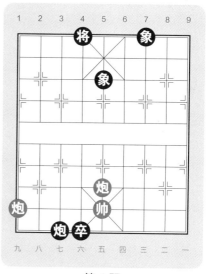

第4题

第90型 转换双炮有仕相例胜士象全局面

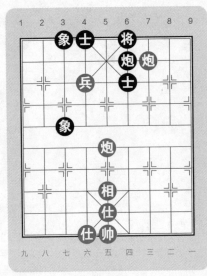

第1题

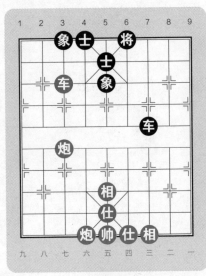

第2题

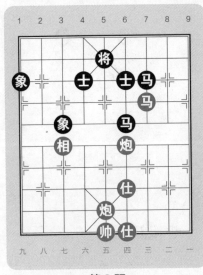

第3题

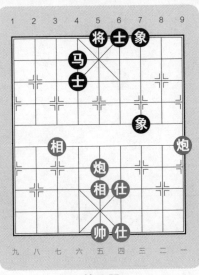

第4题

第91型 转换双炮有仕相例胜双士双高卒局面

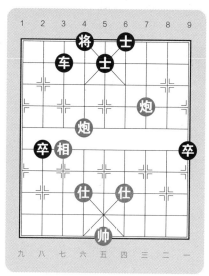

第1题

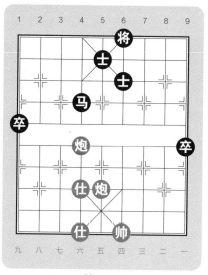

第2题

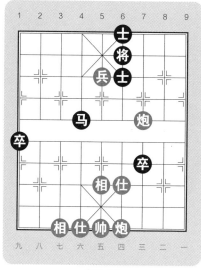

第3题

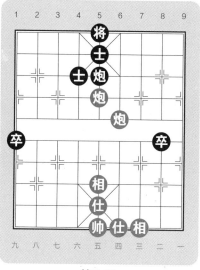

第4题

第 92 型　转换双炮有仕相例胜马双士局面

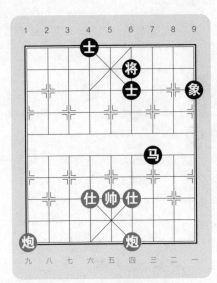

第 1 题

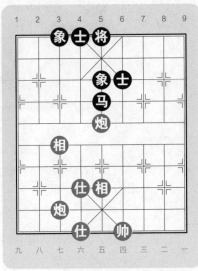

第 2 题

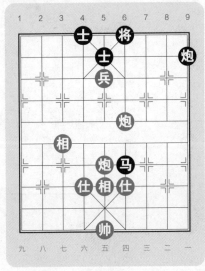

第 3 题

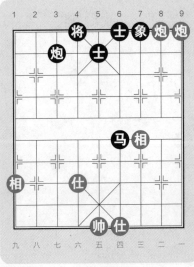

第 4 题

第93型 转换双炮有仕相例胜马双象局面

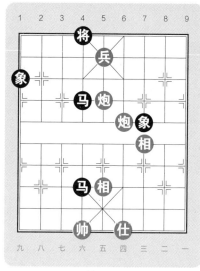

第1题

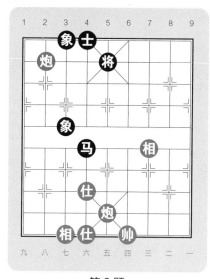

第2题

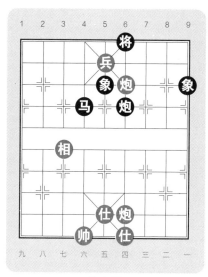

第3题

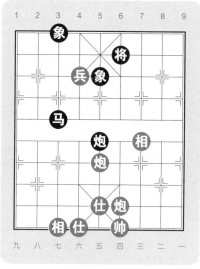

第4题

第94型 转换双炮（有仕）对单炮局面

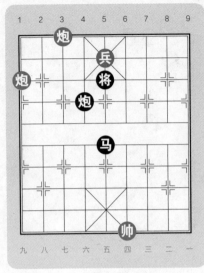

第1题

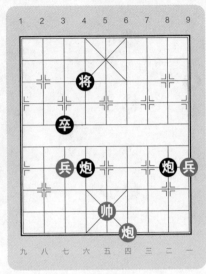

第2题

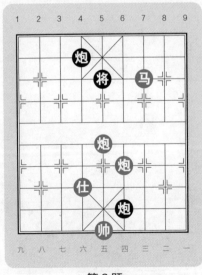

第3题

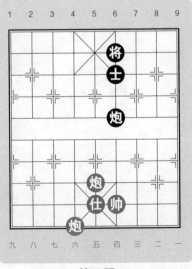

第4题

第 95 型　转换双炮双仕（有相）例胜炮双士局面

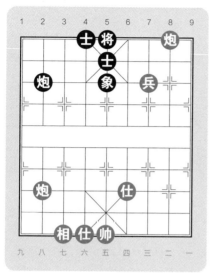

第 1 题

第 2 题

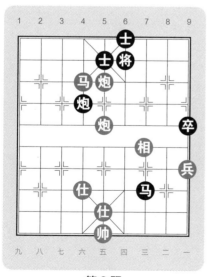

第 3 题

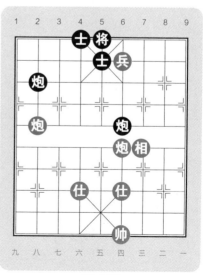

第 4 题

第96型 转换双炮仕相（士象）全例和炮双象（相）局面

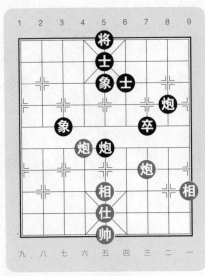

第1题

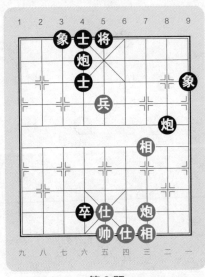

第2题

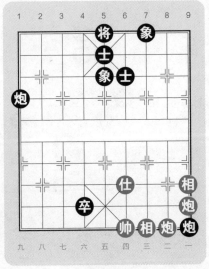

第3题

第4题

第97型 转换马炮例胜士象全局面

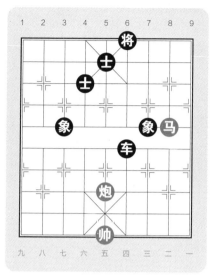

第1题

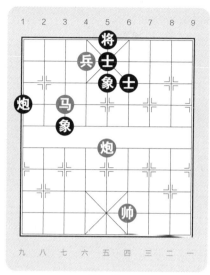

第2题

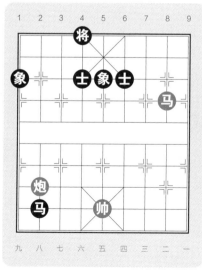

第3题

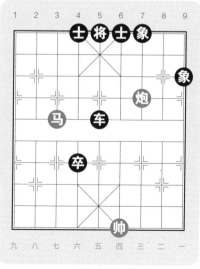

第4题

第98型 转换马炮有仕例胜马双士局面

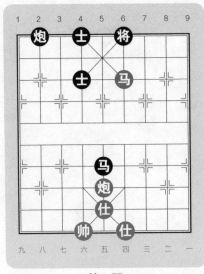

第1题

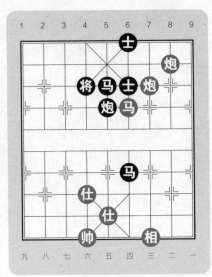

第2题

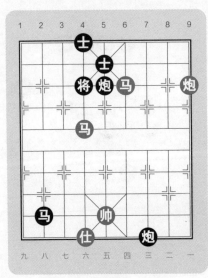

第3题

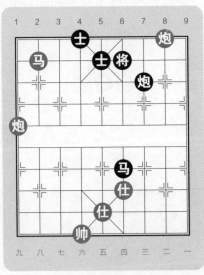

第4题

第 99 型 转换马炮有仕相例胜马双象局面

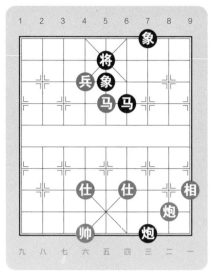

第1题

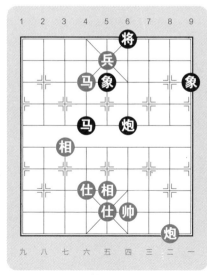

第3题

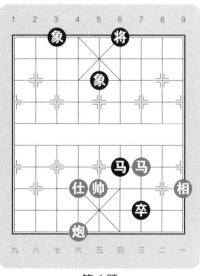

第2题

第4题

第100型　转换马炮仕相全例胜马士象全局面

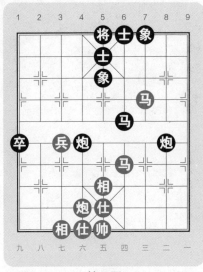

第1题

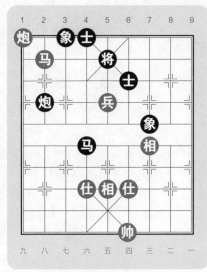

第2题

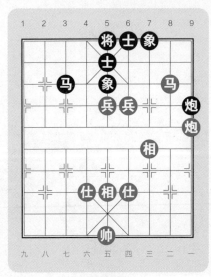

第3题

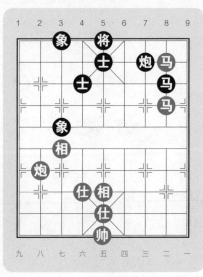

第4题

第 101 型　转换马炮有仕相例胜炮双士局面

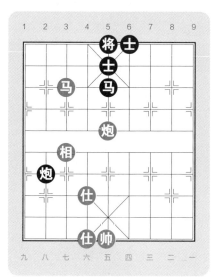

第 1 题

第 2 题

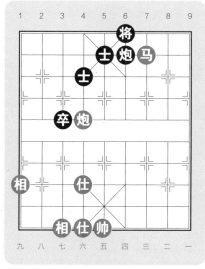

第 3 题

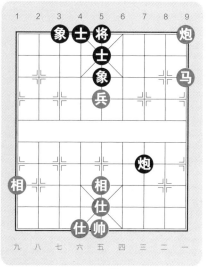

第 4 题

第102型　转换马炮有仕相例胜炮双象局面

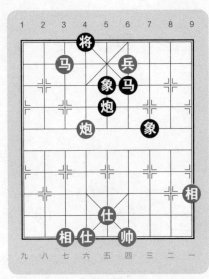

第1题

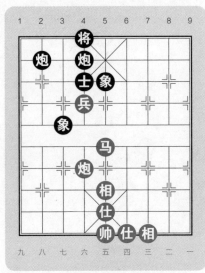

第2题

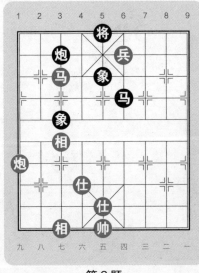

第3题

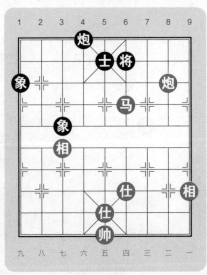

第4题

第 103 型　转换马炮有仕相（士象）例和炮士象（仕相）全局面

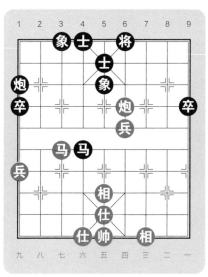

第 1 题

第 2 题

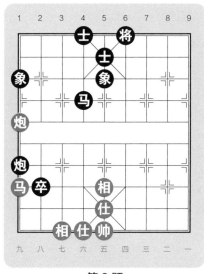

第 3 题

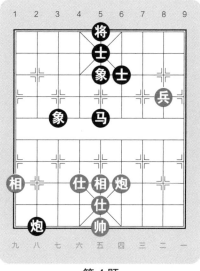

第 4 题

第104型 转换双车例胜双马士象全局面

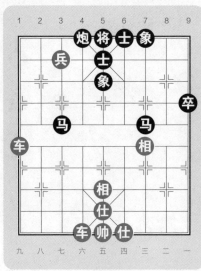

第1题

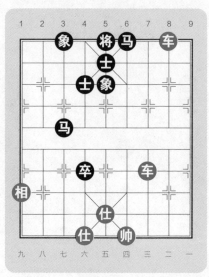

第2题

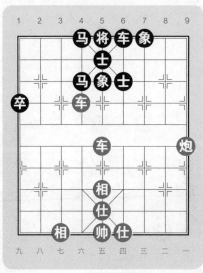

第3题

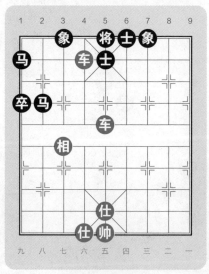

第4题

第 105 型　转换双车例和双炮仕相全局面

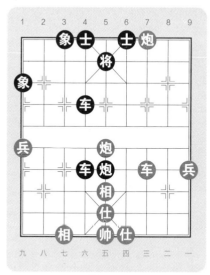

第1题

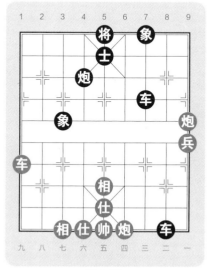

第2题

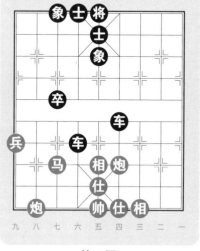

第3题

第4题

第106型 转换双车例和车士象（仕相）全局面

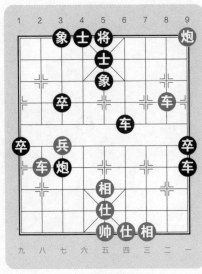

第1题

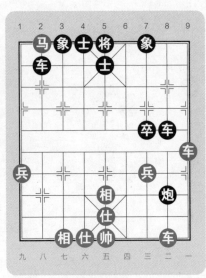

第2题

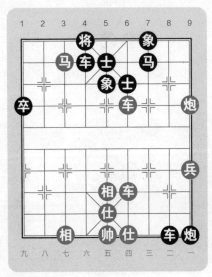

第3题

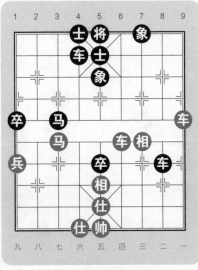

第4题

第 107 型　转换双车有仕相例胜车马双士局面

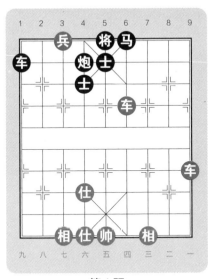

第 1 题

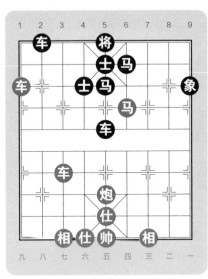

第 2 题

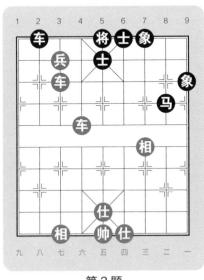

第 3 题

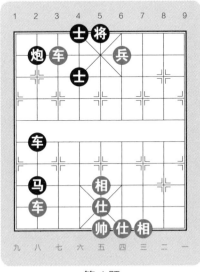

第 4 题

第108型　转换双车有仕相（士象）例和车马士象（仕相）全局面

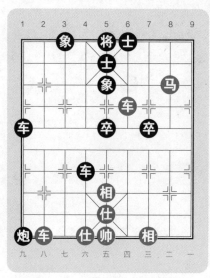

第1题

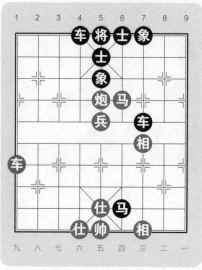

第2题

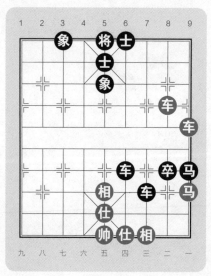

第3题

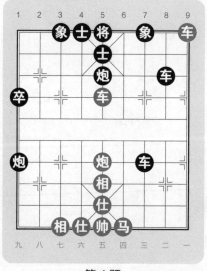

第4题

第 109 型　转换双车有仕相（士象）例和车炮双士（仕）局面

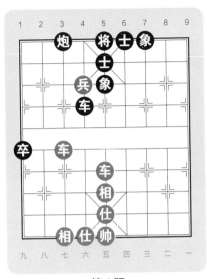

第1题

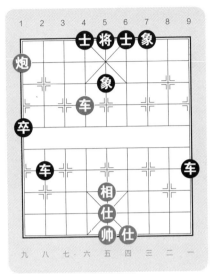

第2题

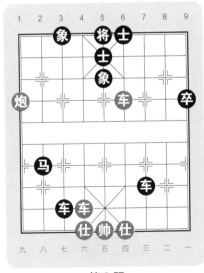

第3题

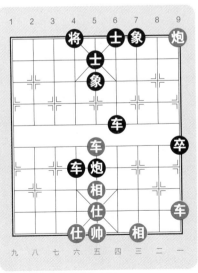

第4题

第110型 转换双车有仕相例胜车炮双象局面

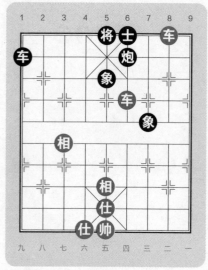

第1题　　　　　第2题

第3题　　　　　第4题

第111型 转换三兵有仕相胜士象全局面

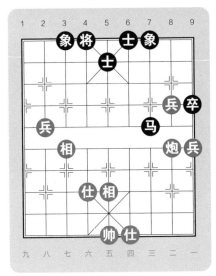

第1题

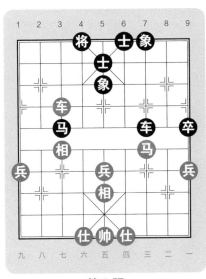

第2题

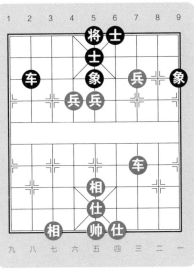

第3题

第4题

第112型 转换三兵有仕相例胜马双象局面

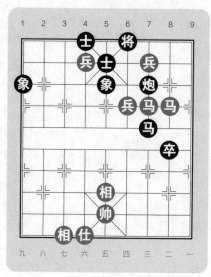

第1题

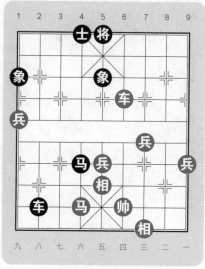

第2题

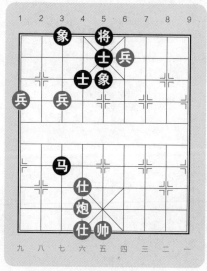

第3题

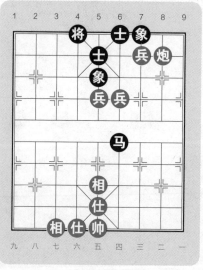

第4题

第113型 转换三兵有仕相例胜炮双象局面

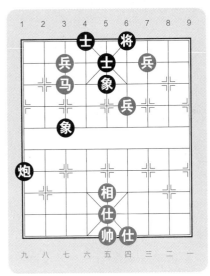

第1题

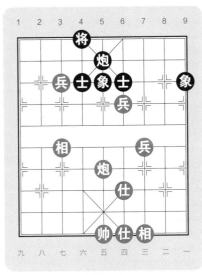

第2题

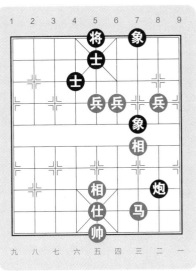

第3题

第4题

第114型 转换马双兵例胜马双士局面

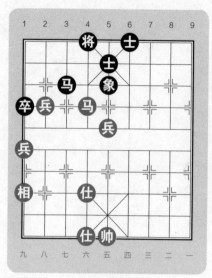

第1题

第2题

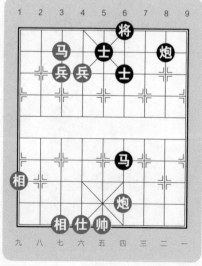

第3题

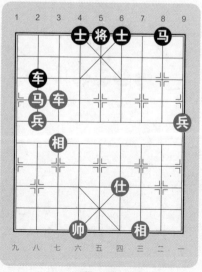

第4题

第115型　转换马双兵例胜马单缺士局面

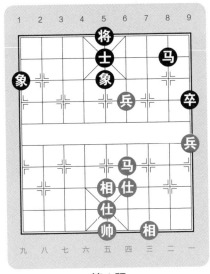

第1题

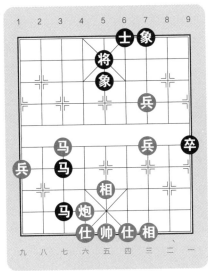

第2题

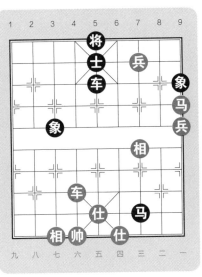

第3题

第4题

第116型　转换马双兵例和马士象全局面

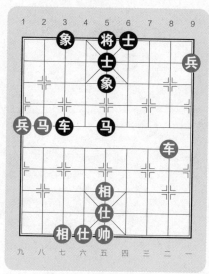

第1题　　　　　　　　　　第2题

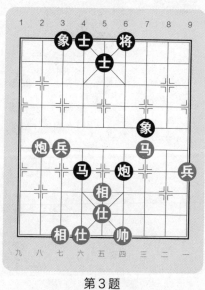

第3题　　　　　　　　　　第4题

第117型 转换马双兵例胜炮单缺士局面

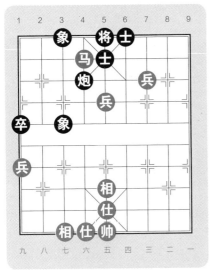

第1题

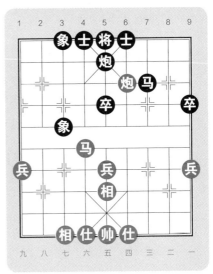

第2题

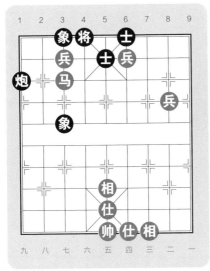

第3题

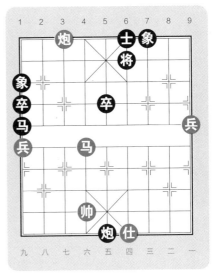

第4题

第118型　转换马双兵例胜炮单缺象局面

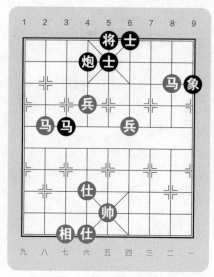

第1题

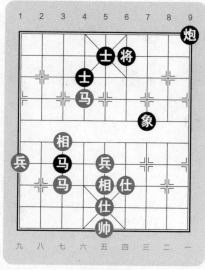

第2题

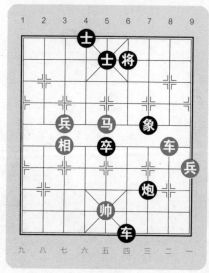

第3题

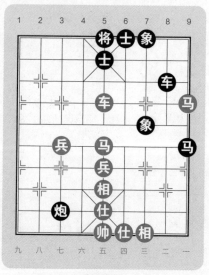

第4题

第119型 转换马双兵（卒）例和炮士象（仕相）全局面

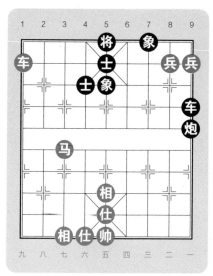

第1题

第2题

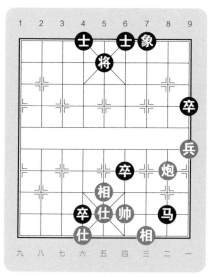

第3题

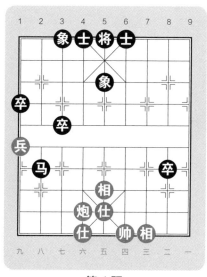

第4题

第 120 型　转换炮双兵（卒）有仕相（士象）例和马士象（仕相）全局面

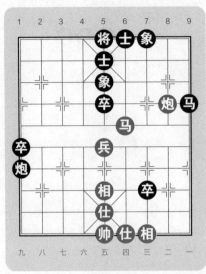

第 1 题

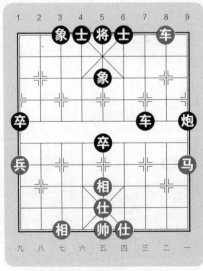

第 3 题

第 2 题

第 4 题

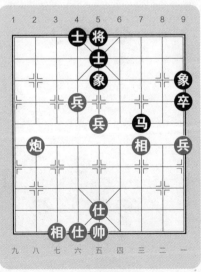

第 121 型 转换炮双兵仕相全例胜炮双士局面

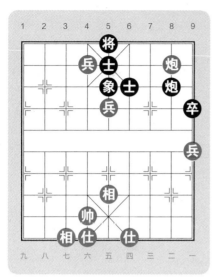

第1题

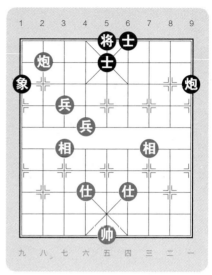

第2题

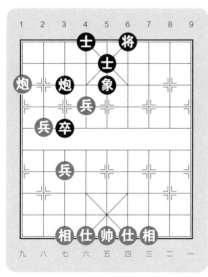

第3题

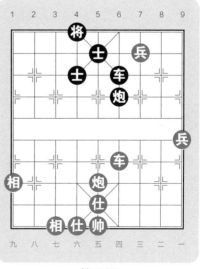

第4题

第 122 型　转换炮双兵（卒）仕相（士象）
全例和炮士象（仕相）全局面

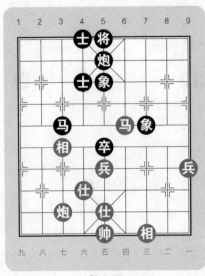

第1题

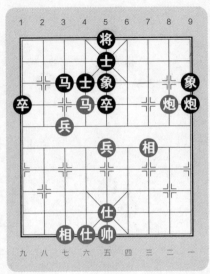

第2题

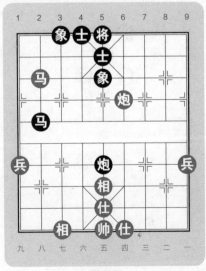

第3题

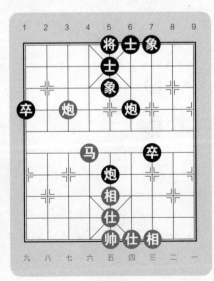

第4题

第123型 转换车双兵有仕相例胜马炮士象全局面

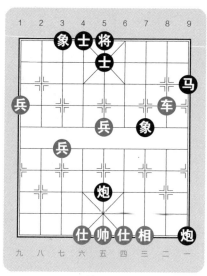

第1题

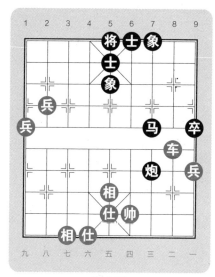

第2题

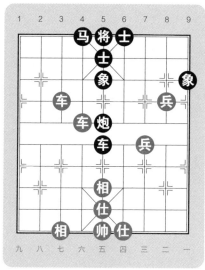

第3题

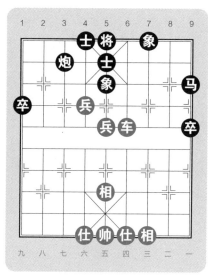

第4题

第 124 型 转换车双兵有仕相例胜双马士象全局面

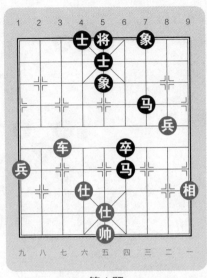

第 1 题

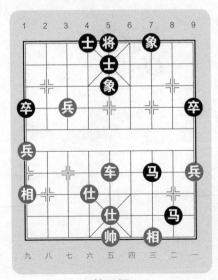

第 3 题

第 2 题

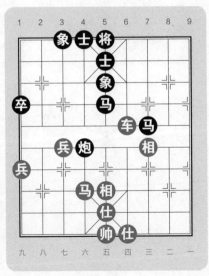

第 4 题

第 125 型 转换车双兵有仕相例胜双炮士象全局面

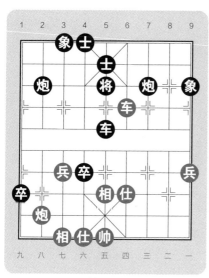

第 1 题

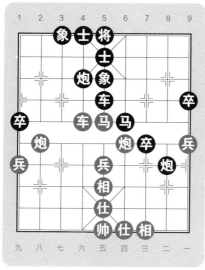

第 3 题

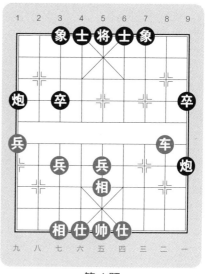

第 2 题

第 4 题

第126型　转换车双兵有仕相例胜车单缺士局面

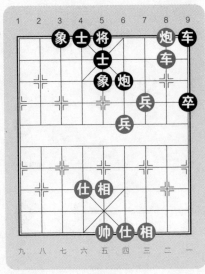

第1题

第2题

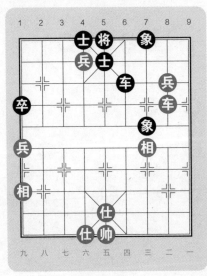

第3题

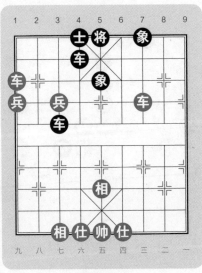

第4题

第127型 转换车双兵有仕相例胜车单缺象局面

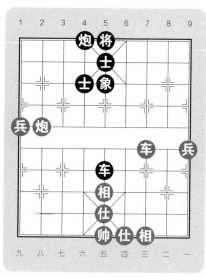

第1题

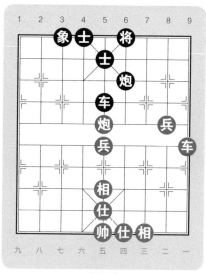

第2题

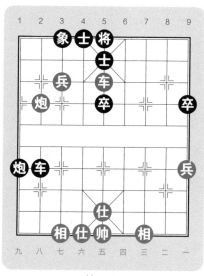

第3题

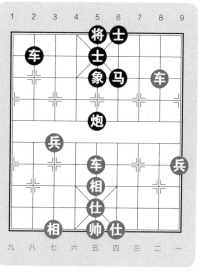

第4题

第 128 型　转换车双卒有士象例和车仕相全局面

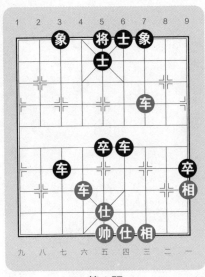

第 1 题

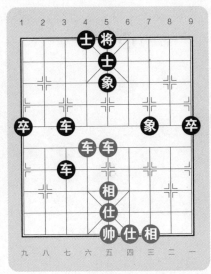

第 2 题

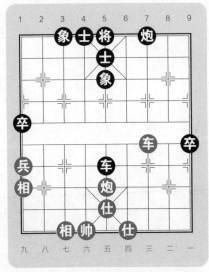

第 3 题

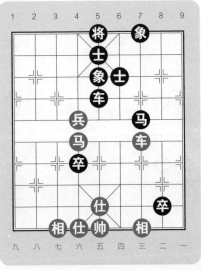

第 4 题

第 129 型　转换双马兵有仕相例胜马士象全局面

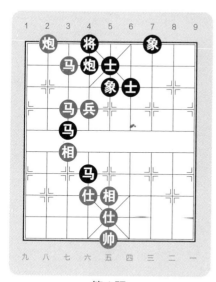

第 1 题

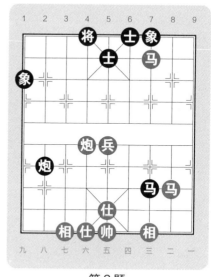

第 2 题

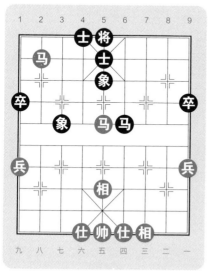

第 3 题

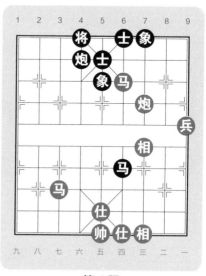

第 4 题

第 130 型　转换双马兵有仕相例胜炮士象 全局面

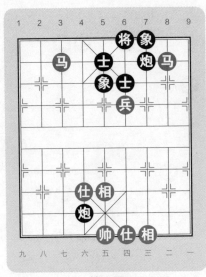

第1题

第2题

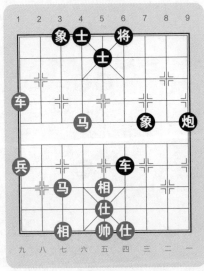

第3题

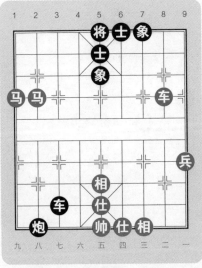

第4题

第131型 转换双马兵有仕相例胜双马士局面

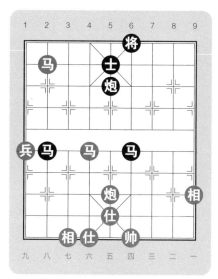

第1题

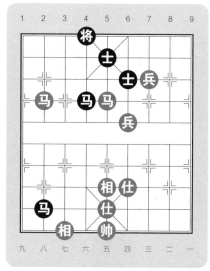

第2题

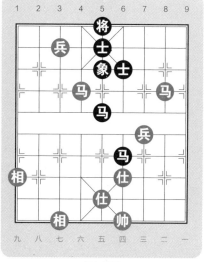

第3题

第4题

第 132 型　转换双马兵有仕相例胜双马象局面

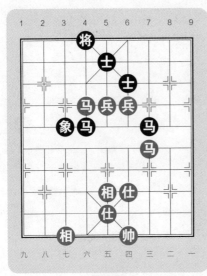

第1题

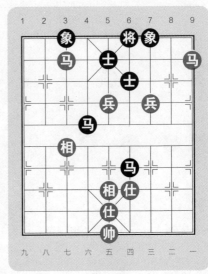

第2题

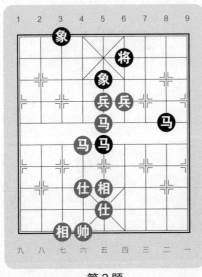

第3题

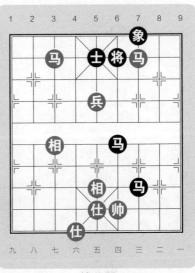

第4题

第 133 型　转换双马兵有仕相例胜双炮士局面

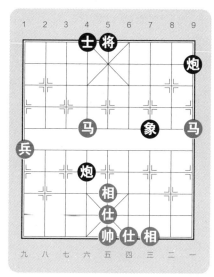

第 1 题

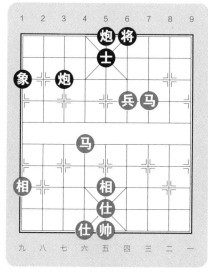

第 2 题

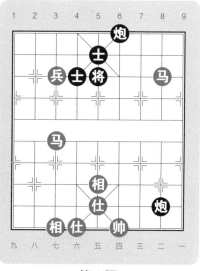

第 3 题

第 4 题

第 134 型　转换双马兵有仕相例胜双炮象局面

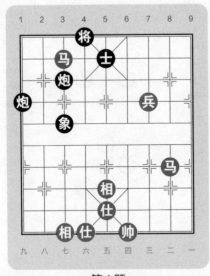

第1题

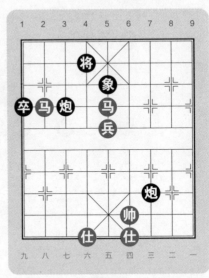

第2题

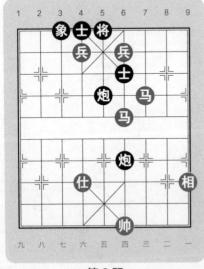

第3题

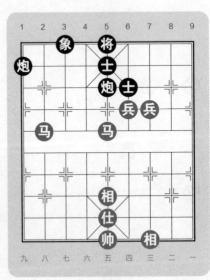

第4题

第 135 型　转换车马高兵有仕相例胜车士象全局面

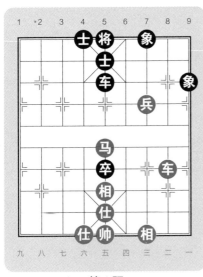

第1题

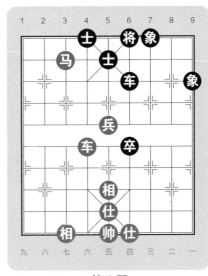

第2题

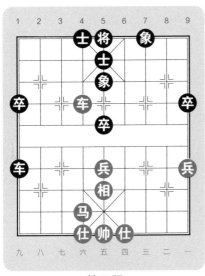

第3题

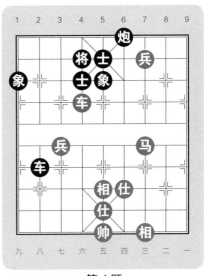

第4题

第 136 型 转换车马高兵仕相全例胜车炮双士局面

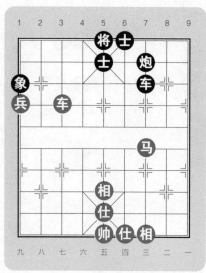

第 1 题

第 2 题

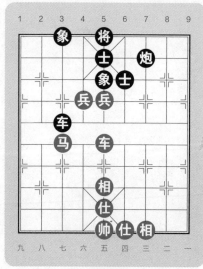

第 3 题

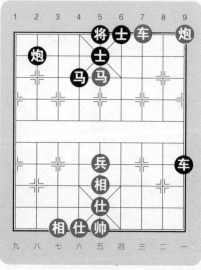

第 4 题

第 137 型　转换车炮高兵仕相全例胜车马双士局面

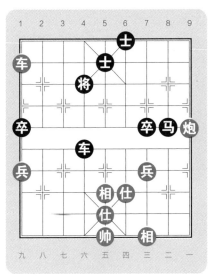

第 1 题

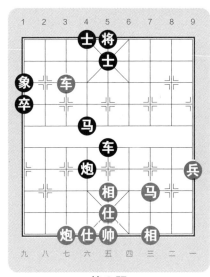

第 2 题

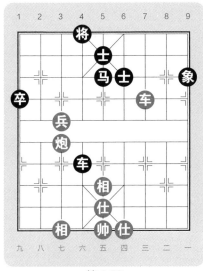

第 3 题

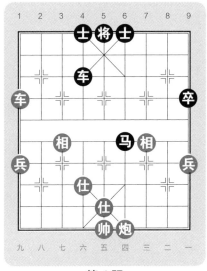

第 4 题

第138型 转换马炮兵仕相全例胜双马双士局面

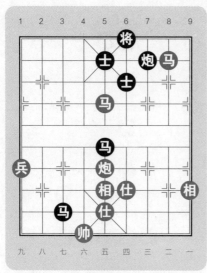

第1题

第2题

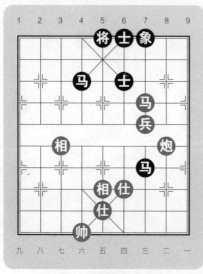

第3题

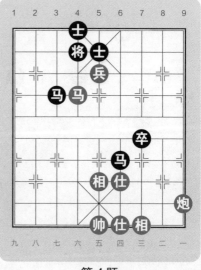

第4题

第 139 型　转换马炮兵仕相全例胜双炮双士局面

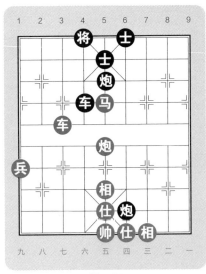

第 1 题

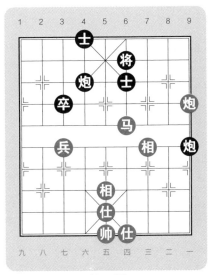

第 2 题

第 3 题

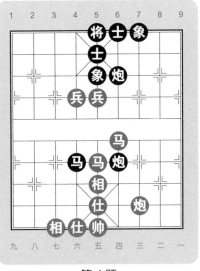

第 4 题

139

第 140 型　转换马炮兵仕相全例胜马炮双象局面

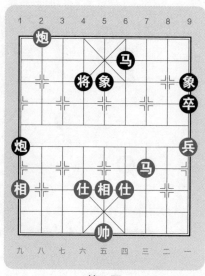

第1题

第2题

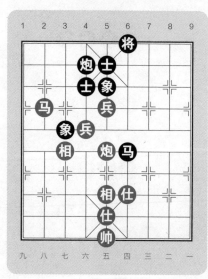

第3题

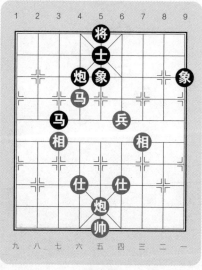

第4题

参考答案

第1型

第1题
① 仕五进四　车9平6
② 车五平四　车6退2
③ 兵三平四（红方胜势）

第2题
① 马二进三　将6退1
② 马三退五　将6平5
③ 兵二平三（红方胜势）

第3题
① 车九平五　炮9平5
② 车五进二　将5进1
③ 兵九进一（红方胜势）

第4题
① 炮五平四　车7平6
② 炮四进七　将6进1
③ 兵六平五（红方胜势）

第2型

第1题
① 兵七平六　炮8平4

② 兵五平六　士6进5
③ 兵六进一　士5进4
（双方和势）

第2题
① 兵三平四　炮5进2
② 兵五进一　士5退6
（双方和势）

第3题
① 车五进二　车6退1
② 车五平四　士5进6
③ 兵八平七　士6退5
（双方和势）

第4题
① 炮五进六　炮9平5
② 炮五进二　将4平5
③ 兵四进一　将5平6
④ 兵四平三　士5退4
（双方和势）

第3型

第1题
① 帅五平四　车5平6

141

② 车四退一　士5进6

③ 相五退三　士6退5

④ 仕五进六　士5退6

⑤ 帅四进一（红方胜势）

第2题

① 兵五进一　将4退1

② 车五退一　车4进2

③ 车五平六　车4进1

④ 仕五进六（红方胜势）

第3题

① 马七退六　将6退1

② 马六进五　将6平5

③ 马五进七　马6进5

④ 马七退六　马5退4

⑤ 兵五平六（红方胜势）

第4题

① 炮五进一　士5退6

② 帅六平五　士6进5

③ 炮五进七　士4退5

④ 兵五进一　将6退1

⑤ 帅五进一（红胜）

第4型

第1题

① 马五进四　将5平6

② 车五进一　士4进5

③ 马四退六（红方胜势）

第2题

① 兵九进一　卒1进1

② 马八退九（红方胜势）

第3题

① 马六进八　马3退2

② 马七退八（红方胜势）

第4题

① 马七退六　士6退5

② 兵四平五　士4退5

③ 马六进五（红方胜势）

第5型

第1题

① 马三退四　将4平5

② 马四进六　马6进4

③ 帅六进一（双方和势）

第2题

① 相九退七　卒5平4

② 仕五进六　马5进6

③ 仕六退五　马6进5

④ 相七进九（双方和势）

第3题

① 兵五平六　车4退4

② 车三平六　将4进1

③ 相三进五（双方和势）

第4题

① 前炮退四　炮8平4

② 前炮平六　炮4进5

③ 炮五平六　炮4进3

④ 帅六退一（双方和势）

第 6 型

第 1 题

① 车五退一　车5退1

② 马三退五　将4进1

③ 马五退七（红方胜势）

第 2 题

① 兵六进一　象7退9

② 兵六平五　象9进7

③ 马五退七　象7退5

④ 马七退六（红方胜势）

第 3 题

① 马三进四　将4平5

② 马四退五　象9退7

③ 马八退六　象7进5

④ 马六进八（红方胜势）

第 4 题

① 兵四平五　士6退5

② 马六进五　将4退1

③ 马五退六（红方胜势）

第 7 型

第 1 题

① 炮五平六　将4平5

② 车四平一　车8平6

③ 车一进五　车6退7

④ 车一平四　将5平6

⑤ 炮六平五（红方胜势）

第 2 题

① 炮八退三　卒6进1

② 炮八退一　将5平6

③ 炮八平四（红方胜势）

第 3 题

① 马三退五　象1退3

② 炮四平五　象3进5

③ 炮五进七　将5退1

④ 帅五平四　将5平6

⑤ 炮五退七（红方胜势）

第 4 题

① 炮一平六　将6平5

② 炮六退五　车6进1

③ 仕五退四（红方胜势）

第 8 型

第 1 题

① 炮一进二　将4平5

② 炮一平五　象7进9

③ 炮五退二　将5平4

④ 帅四进一（红方胜势）

第 2 题

① 兵六平五　士4退5

② 炮四平五　将5平6

③炮五进八（红方胜势）

第3题

①车四退五　车7平4

②车四平六　车4进3

③仕五进六（红方胜势）

第4题

①车七平五　将5进1

②车五退四　炮2平5

③帅六平五　将5退1

④帅五退一（红方胜势）

第9型

第1题

①相五进三　马7进5

②炮五退三　炮5进6

③相三退一（双方和势）

第2题

①炮四退五　炮7进7

②炮四平八　炮7平2

③帅五平六（双方和势）

第3题

①炮二进一　炮5平8

②仕五进六　炮8平4

③相五退三（双方和势）

第4题

①车六进三　士5退4

②马八退六　将5进1

③马六退七　象5进3

④相五进七（双方和势）

第10型

第1题

①车三进四　车6退2

②车三平四　将5平6

③车二平一（红方胜势）

第2题

①兵七平六　士5退4

②车六平五　士6进5

③车五退四（红方胜势）

第3题

①兵五进一　象3进5

②车二平五（红方胜势）

第4题

①车五进二　马4进5

②车九平五（红方胜势）

第11型

第1题

①车九进二　炮2平4

②兵六进一　士5退4

③车九平六　将5进1

④车六平四（红方胜势）

第2题

①马五进六　将5平4

② 马六进七　象 5 退 3

③ 车五平六　象 3 进 5

④ 车六进三　将 4 平 5

⑤ 车六进二（红方胜势）

第 3 题

① 车九进三　将 6 退 1

② 车九平二（红方胜势）

第 4 题

① 车九平四　炮 6 进 2

② 兵六平五　将 5 进 1

③ 车四进二（红方胜势）

第 12 型

第 1 题

① 兵四进一　士 5 退 6

② 车六进一（红方胜势）

第 2 题

① 帅五平六　马 8 退 6

② 车六平四（红方胜势）

第 3 题

① 车八进八　士 5 退 4

② 兵四进一　车 6 退 3

③ 马二进四　将 5 平 6

④ 车八平六　将 6 进 1
　　（红方胜势）

第 4 题

① 马六进四　士 5 进 6

② 车三进三　将 5 进 1

③ 车三退四（红方胜势）

第 13 型

第 1 题

① 车三平二　马 8 退 7

② 车二平四　马 7 进 6

③ 车四进一　将 6 平 5

④ 车四平二（红方胜势）

第 2 题

① 车八进一　象 5 退 7

② 车八平六　炮 5 进 3

③ 车六平五（红方胜势）

第 3 题

① 帅五平六　象 1 退 3

② 车二平八　车 5 进 4

③ 相七进五（红方胜势）

第 4 题

① 帅五进一　炮 4 平 3

② 车八平七　象 5 退 3

③ 车三进二（红方胜势）

第 14 型

第 1 题

① 车八平九　车 1 平 9

② 兵一平二　卒 1 进 1

③ 车九退二　车 9 平 1

④兵二平三　象5进7

⑤仕五退六（双方和势）

第2题

①车六平五　车5退1

②车五进一　车5进3

③帅五平六（双方和势）

第3题

①炮一退五　卒3平4

②炮一平六　车4进2

③帅五平四（双方和势）

第4题

①车一进二　车4进1

②车一平三　象5进7

③帅五平四（双方和势）

第 15 型

第1题

①兵四平五　车7退2

②车五平三　卒5进1

③车三退三（红方胜势）

第2题

①仕五进四　车6退2

②车五平四　卒3进1

③车四平一（红方胜势）

第3题

①车七退一　将4退1

②兵五进一　士6进5

③车七平五（红方胜势）

第4题

①车五平三　炮7进4

②车三退三　炮7平5

③车三平四　将6平5

④车四平五　将5平4

⑤车五退二（红方胜势）

第 16 型

第1题

①车二平五　车5进1

②兵三平四　车5平1

③兵二平三　象7进9

④兵九进一　车1退2

⑤兵四平五　车1进5

⑥兵三平四（双方和势）

第2题

①炮五退一　车1平6

②兵四平五　将5平6

③炮五平四　车6进1

④仕六进五　车6退3

⑤兵八平七　车6平3

⑥兵七平六（双方和势）

第3题

①车六平七　车3退4

②兵七平六　车3平6

③兵六平五　象5退7

④兵三平四（双方和势）

146

第4题

① 车八平三　炮8进1

② 仕四进五　卒6平5

③ 相七进五　炮8平9

④ 车三平一　车8进6

⑤ 仕五退四　象5退3

⑥ 车一退一　车8平9

⑦ 仕六进五（双方和势）

第17型

第1题

① 炮一平四　车5进1

② 相三进五　车5平6

③ 帅五退一（双方和势）

第2题

① 车七退二　车6平3

② 相三退五（双方和势）

第3题

① 车二退九　车5平1

② 车二平四　车1平6

③ 相九进七（双方和势）

第4题

① 仕五进四　车6退1

② 相一退三　车6进1

③ 兵三平四　车6退3

④ 车六平四　卒4平3

（双方和势）

第18型

第1题

① 车五退三　车3平5

② 兵八平七　士5退6

③ 兵七平六　车5退2

④ 前兵平五（双方和势）

第2题

① 车七平五　车6平4

② 帅六平五　车4进3

③ 车五进一　将6平5

④ 帅五平四（双方和势）

第3题

① 马七进五　车1平5

② 帅五平六　将6平5

③ 帅六进一（双方和势）

第4题

① 前兵进一　车3平5

② 帅四平五　车5平4

③ 帅五退一（双方和势）

第19型

第1题

① 车三退一　卒1进1

② 车三平五　士6退5

③ 车五退一　马6进7

④ 车五平九（红方胜势）

147

第2题

① 车七退五　马4退6

② 车七平五　士4进5

③ 车五进一　马6进8

④ 车五退二（红方胜势）

第3题

① 马五进四　士5进6

② 车一平三　士4进5

③ 车三退四　马6退4

④ 车三平五（红方胜势）

第4题

① 车四平七　马3进4

② 车七退二（红方胜势）

第20型

第1题

① 车五退八　车6进1

② 帅五平四　卒8平7

③ 车五进四　卒7平6

黑方弃卒为黑将平中做准备。如改走卒7进1，帅四平五，卒7进1，车五平四粘住黑马，以后再出帅助攻，捉死黑马。

④ 车五平四　将6平5

⑤ 车四退一（红方胜势）

第2题

① 车二进三　车6退2

如士5退6，则帅五平六，红

方有杀。

② 车二退二　车6进2

黑方如改走象1进3，则车二退一，红方以后车二平七再车七进一，黑方失子。

③ 车六平五　将5进1

④ 车二平四（红方胜势）

第3题

① 兵六平五　炮8平5

黑方如将5平4，则车三退一，黑马被捉死。

② 车三平五　将5平4

③ 车五平三（红方胜势）

第4题

① 车一平四　后马进8

② 车四退一　卒4平5

黑方先弃卒希望及时调整马位。如卒4进1，则车四退一，黑卒同样被捉死。

③ 车四平五　马8退6

④ 车五平六（红方胜势）

第21型

第1题

① 车二进一　车5进1

② 车二平三　象5进7

③ 马二退三　士5进4

④ 帅五平四　车5平6

⑤马三进四（双方和势）

第2题

①炮四进三　车1平6

②相三退一　象5退3

③相一退三（双方和势）

第3题

①马九退七　车5平3

②车二平三　车3平7

③马七退六（双方和势）

第4题

①马六退七　车6平3

②相五进七　车8平3

③马七退六　车3平5

④相三进五（双方和势）

第22型

第1题

①车一退五　炮6平8

②车一平二　车4平8

③仕四退五　车8退4

④马三退四（双方和势）

第2题

①车九退三　炮4平1

②车九进一　炮1进4

③马七进九　车2平6

黑方如车2退4，则帅六退一，形成单车例和仕相全残局。

④马九进八　士4退5

⑤马八退七（双方和势）

第3题

①马五进四　车4平9

②马四退六　车9进1

③马六进八　车9平2

④马八退七（双方和势）

第4题

①车二平四　车6退4

②马五进七　将4退1

③马七退六　象5进7

④马六退八　车6进5

⑤马八退六（双方和势）

第23型

第1题

①车五进一　象7退5

②仕五进六　将4平5

③仕四进五　车1平3

④帅五平四（双方和势）

第2题

①炮三平八　车5平9

②车八平九　车9平1

③车九进二　车1进1

④炮八平四　象5退3

⑤帅五平四（双方和势）

第3题

①炮八退一　卒5进1

②相七进五　车5进3

③车七平六　将4退1
④车六进四　士5进4
⑤炮八平四　将4平5
⑥帅五平四（双方和势）

第4题
①车三进三　象5进7
②炮六进二　士5进4
③帅五平六（双方和势）

第24型

第1题
①马五进三　车1平9
②帅五退一　卒9平8
③炮七平二　车9进2
④炮二进一　车9平7
⑤炮二平五　车7平6
　　（双方和势）

第2题
①马四进二　车7进2
②帅四退一　车7平8
③炮四进二（双方和势）

第3题
①炮一平四　车6平1
②炮四进三　卒2平3
③相五进七　车1平3
④相七退五　车3进2
⑤帅五退一（双方和势）

第4题
①炮七平五　将5平6
②炮五进五　车6进4
③帅五进一　车6平4
　　（双方和势）

第25型

第1题
①车七进二　将5进1
②车七退七　马6进5
③帅四平五（红方胜势）

第2题
①车六平九　马2退3
②车九平五　将5平6
③车五退一　将6退1
④相五进七（红方胜势）

第3题
①兵六平五　士4进5
②车一进六　将6进1
③车一退一　将6退1
④车一平五　马5退4
⑤车五退五　马3退5
⑥车五平四　将6平5
⑦车四进三　将5平4
⑧车四平五（红方胜势）

第4题
①车七进一　将4平5
②相五退三　马2进4

150

③车七退三　马4进6

④帅五进一　马6退4

⑤车七平五　将5平6

⑥车五进二（红方胜势）

第26型

第1题

①兵六进一　士5进4

黑方只能吃兵，否则兵六平五，红方速胜。

②车六进二　炮2进2

③仕五进六　炮2进1

④车六平五　炮2进1

⑤仕四退五

红方准备帅五平四粘住黑6路炮。

⑤……　　炮2平6

⑥仕五退六　前炮退2

⑦车五进一　将6退1

⑧车五退三

黑方必失一炮，红方胜定。

第2题

①兵五进一　象7进5

②车二平四　将4进1

③车四平五　炮1平4

黑方如象5进7，则车五退四，红方胜定。

④车五退二　炮9进3

⑤车五退三　炮9退2

⑥帅五平六（红方胜势）

第3题

①马六进五　士4进5

②车五进四　炮6进1

③车五平三　炮4进4

④车三退二（红方胜势）

第4题

①车二平五　炮6进4

②兵五进一　士4进5

③车五进二　将5平6

④车五退五　炮2退1

⑤车五平四（红方胜势）

第27型

第1题

①马五进六　将5平4

②兵九平八　士6进5

③兵八平七　士5进4

④兵七进一　将4进1

⑤兵七平六　将4平5

⑥兵三进一（红方胜势）

第2题

①车六平五　将6平5

②相五进七　象7进5

③兵七进一（红方胜势）

第3题

①炮六平五　炮6平5

②炮五进四　士4进5

③马七进五　将5进1

④后兵进一（红方胜势）

第4题

①马五进六　士5进4

②兵七平六　象1退3

③兵六进一（红方胜势）

第28型

第1题

①车三退一　车5平7

②兵三进一　卒3进1

③相五进七（红方胜势）

第2题

①车五进二　士6进5

②兵四进一（红方胜势）

第3题

①兵一进一　将4退1

②兵三平二　士6退5

③兵二平一（红方胜势）

第4题

①车四平五　车5退1

②兵六平五　将5平4

③帅四平五　将4退1

④兵五进一（红方胜势）

第29型

第1题

①兵三平四　将6进1

黑方如改走马5退6，则相五进三，将6进1，兵五平四，士5进6后，红方马八进六再兵四进一，速胜。

②马八进六　士5进4

③兵四进一　将6退1

④兵五平六（红方胜势）

第2题

①车七退一　将4进1

黑方如改走马4退3，则前兵平五，红方速胜。

②车七平九　马4退3

③车九平六　马3退4

④后兵进一（红方胜势）

第3题

①兵六平五　车1平4

黑方如改走马5进6，则兵五进一，红方速胜。

②车六进三　马5进4

③帅五平六（红方胜势）

第4题

①炮四平六　马4退2

②炮六进五　士5进4

③兵六进一（红方胜势）

第30型

第1题

① 兵三进一　马4退6

② 兵三平四　炮6平8

③ 兵六平五　士6进5

④ 兵五进一　将5平4

⑤ 兵四平五（红方胜势）

第2题

① 兵三平四　将4退1

② 兵五进一　炮1平7

③ 兵五平六（红方胜势）

第3题

① 炮八进七　将6进1

黑方如改走炮5平4，则炮八平五，红方同样用一炮换双士后转换成高低兵胜单炮局面。

② 帅五平四　将6退1

③ 炮八平五　士4进5

④ 兵六平五（红方胜势）

第4题

① 炮五进四　象3进5

② 兵五进一　炮6平2

③ 兵五平四（红方胜势）

第31型

第1题

① 相五进七　马6进4

黑方如改走马6退5，则兵四进一，象5退7，马七退六捉死马，红方速胜。

② 帅五平六（红方胜势）

第2题

① 帅五平四　炮6进7

黑方如改走士5进6，则炮四进六，红方速胜。

② 帅四进一　将6平5

③ 仕五进四（红方胜势）

第3题

① 马四退五　士5进6

② 马五退六　炮6进6

③ 仕五进四（红方胜势）

第4题

① 车七进三　象5退3

② 马八退六　将4平5

③ 兵三进一（红方胜势）

第32型

第1题

① 马七进六　士5进4

② 兵三平四　士4退5

③ 兵四进一（红方胜势）

第2题

① 兵三进一　炮6平3

② 马六进七　将5平4

③ 兵三平四　将4进1

④ 帅四平五　士5退4

（双方和势）

第3题

① 马七进八　将4平5

② 马八进七　炮4退2

③ 马八退七　士5进4

④ 马七进六　将5进1

⑤ 马七退六　将5平4

⑥ 马六进四（红方胜势）

第4题

① 马五退六　马5进6

② 马三退二　马6进4

③ 马二进四　象3进5

④ 马四退五　将4平5

⑤ 马五退六（双方和势）

第33型

第1题

① 炮二退一　马5进4

② 炮二平八　马4进2

③ 帅五平四　马2进3

④ 相九退七（双方和势）

第2题

① 炮二平六　卒3进1

② 仕四进五　卒6平7

黑方如卒3进1，红方同样可以仕五进四，之后再仕四退五转换成马卒例和仕相全残局。

③ 炮六进一　卒3平4

④ 仕五进六（双方和势）

第3题

① 兵三进一　卒7进1

② 马四进二　卒9进1

③ 马二退三　马5进7

④ 仕六进五（双方和势）

第4题

① 兵九平八　车4退2

黑方简明的选择，如卒3进1，则兵八平七，卒7进1，车六平一，马6退4，兵七平六，车4退2，相五进七，同样是和棋。

② 车六退一　马6退4

③ 兵八平七　象5进3

（双方和势）

第34型

第1题

① 马三进五　将4平5

黑方如改走将4进1，则马五退七再马七进九吃象。

② 马五进七　将5进1

③ 马七退九（红方胜势）

第2题

① 炮五平一　马7进8

② 帅四平五　马8退9

③ 马五进四（红方胜势）

第 3 题

① 马四进三　车 1 退 2

② 车五平四　车 1 平 6

③ 车四进一　将 6 进 1

④ 马三进一（红方胜势）

第 4 题

① 兵四平五　马 7 退 5

黑方如改走将 5 平 6，则后兵平四，马 7 退 8，马八退六，红方可速胜。

② 马八退六　将 5 平 6

③ 兵五进-（红方胜势）

第 35 型

第 1 题

① 相五退三　炮 3 进 1

② 帅五进一　炮 3 平 5

③ 马八进六　炮 5 平 3

④ 马六进八　炮 3 退 2

⑤ 马八退九（红方胜势）

第 2 题

① 马四进五　将 4 平 5

② 兵七平六

红方平兵关键，如直接马五进三，则将 5 进 1，和棋。

② ……　　　炮 5 平 6

③ 马五进三　炮 6 退 2

④ 马三退一（红方胜势）

第 3 题

① 兵五平六　炮 3 进 1

② 兵六进一　士 5 进 4

③ 马七进六（红方胜势）

第 4 题

① 马五退六　炮 2 退 8

黑方如改走象 3 退 5，则马六进八，炮 2 退 3，马八进九，红方低兵得以保留，黑方速败。

② 马六进七　炮 2 平 9

③ 马七进九（红方胜势）

第 36 型

第 1 题

① 兵三进一　象 3 进 5

② 兵三平四　士 5 退 6

③ 兵五进一　马 3 退 5

④ 兵四进一（红方胜势）

第 2 题

① 炮七平四　马 2 退 4

② 马六退五　将 6 平 5

黑方如改走炮 6 进 2，则兵五进一，马 4 退 5，马五进六，红方可速胜。

③ 炮四平五　炮 6 平 7

黑方如改走炮 6 平 5，则炮五进三，马 4 退 5，兵五平四，马 5 进 6，马五进六，同样转换成马兵对马单士残局。

④ 兵五平四　炮7平5

⑤ 炮五进三　马4退5

⑥ 兵四平五（红方胜势）

第3题

① 兵四平五　炮8平6

② 炮四进四　马6退4

③ 帅五退一　马4退6

④ 帅五平四（红方胜势）

第4题

① 马六退五　将6退1

② 马五退六　马2退4

③ 兵九进一（红方胜势）

第37型

第1题

① 兵五进一　将5平4

② 兵五平六　将4进1

③ 马六进八　将4退1

④ 马八退九（红方胜势）

第2题

① 兵六进一　马4退5

② 马二退四　马5退6

③ 相五进七　象9进7

④ 马四退三　马6进4

⑤ 马三进四　马4退6

⑥ 帅六进一　象7进9

黑方用象走闲着，和棋。

第3题

① 马八退七　将5平4

黑方如改走将5平6，则马六退五，士6退5，马五进三，马8进7，兵四平三，红方胜定。

② 马六退五　士6退5

③ 马五进七　马8退6

④ 前马进五　将4平5

⑤ 兵四进一（红方胜势）

第4题

① 马四进五　士4退5

② 兵四平五（红方胜势）

第38型

第1题

① 车六进三　炮6平4

② 马五退三（红方胜势）

第2题

① 兵五平六　士5进4

② 马八退七　士4退5

黑方如改走卒4平3，则马七进六，将5进1，兵四平五，红方胜定。

③ 马七退六（红方胜势）

第3题

① 炮一退二　马5进7

② 炮一平七　马7进6

③ 帅六平五（双方和势）

第4题

① 炮五平一　马5退6

② 炮一进一　卒3进1

黑方如改走马6进7，则炮一进三，象5退7，炮一平五，象3退5，仕六进五，黑方低卒无法取胜，和棋。

③ 炮一退一　马6进8

④ 炮一平四　马8进6

⑤ 仕六进五　马6退4

⑥ 炮四平一（双方和势）

第 39 型

第1题

① 马二进三　将6平5

② 炮三平五　炮5进5

③ 仕四进五

红兵可以控制黑将，形成巧胜局面，红方胜定。

第2题

① 马四退六　象5进3

② 马六退五　炮6平3

③ 帅五进一　炮3平6

④ 帅五平四（红方胜势）

第3题

① 车一平六　车4退2

② 马六退四　将5平6

③ 马四退六　炮1退5

④ 马六进四　象3进5

⑤ 兵三进一（红方胜势）

第4题

① 兵五进一　将5平6

黑方如象7进5，则马四进六，抽黑车，红方可速胜。

② 兵五进一　士4退5

③ 马四进五　车7平4

④ 马五退六（红方胜势）

第 40 型

第1题

① 马二进三　将6进1

② 马三进五　卒4平5

③ 帅五平六　将6平5

④ 相七进九

黑卒位置过低，无法与炮形成配合捉死红相，和棋。

第2题

① 炮三退七　卒4进1

② 帅四退一　将4平5

③ 炮三退一　卒4进1.

④ 帅四退一　将5进1

⑤ 炮三退一　将5退1

⑥ 炮三平六（红方胜势）

第3题

① 仕四进五　卒4进1

黑方如改走卒4平3，则帅四

平五，象1退3，炮五平四，再炮四进二，以后捉死黑卒，形成红方巧胜的局面。

② 帅四平五　象1退3
③ 炮五平七　象3进5
④ 炮七平四　象5退7
⑤ 炮四进一　卒4平5
⑥ 帅五退一

黑将被限制住，形成红方炮低兵巧胜单象的局面，红方胜定。

第4题
① 前兵平五　将5进1
② 炮七平二（红方胜势）

第41型

第1题
① 车三平四　车8平6
② 车四进七　将6进1
③ 兵五平四　将6平5
④ 兵四进一（红方胜势）

第2题
① 炮一退九　卒5进1
② 炮一平五　卒5进1
③ 帅四平五　将4退1
④ 炮五平六（红方胜势）

第3题
① 车六平四　车6退3
② 兵三平四（红方胜势）

第4题
① 炮二退一　士5退6
② 兵三进一　马4退3

黑方如改走士6进5，则兵七进一，将4进1，帅五平六，将4进1，炮二退八，下一着炮二平六捉死黑马，红方胜势。

③ 炮二平七（红方胜势）

第42型

第1题
① 兵四平五　士4退5
② 马七退五　将5进1
③ 相三退五（双方和势）

第2题
① 兵五平六　炮2平4
② 马五进六　将4进1
③ 相九进七（双方和势）

第3题
① 炮七退一　卒5进1
② 仕四进五　卒6平5
③ 帅五进一（双方和势）

第4题
① 兵六平五　车6平5
② 车六平四　车5平6
③ 车四进三　将6进1
④ 帅六退一（双方和势）

第43型

第1题

① 车九平六　车7平4

② 兵四平五　士6进5

③ 炮六进四（红方胜势）

第2题

① 炮七平八　象7退9

黑方如改走车6平5，则兵六平七，象7退9，车二退一，车5退1，红方同样可以兑车，转换成炮兵双仕例胜单缺士的局面。

② 兵六平七　将4平5

③ 车二退一　车6退1

④ 车二平四　将5平6

⑤ 仕五进四（红方胜势）

第3题

① 兵四进一　士5退6

② 炮五平六　士6进5

③ 炮六进八　士5退6

④ 炮六退五　将4退1

⑤ 帅六平五（红方胜势）

第4题

① 炮二平三　马6进4

② 帅五退一　象5进3

③ 炮三退一　士5退6

④ 炮三平四　马4退6

⑤ 帅五平四　将6平5

⑥ 兵三平四（红方胜势）

第44型

第1题

① 马七退五　炮4平5

② 炮一退四　炮5进4

③ 炮一平五　将5退1

④ 炮五进四（红方胜势）

第2题

① 兵四平五　将6平5

② 兵五平六（红方胜势）

第3题

① 炮八进三　象3退1

② 炮九平七　象1退3

③ 帅四平五（红方胜势）

第4题

① 帅五平四　车5平6

黑方如改走将5平4，则车四平六，将4平5，兵四进一，士5退6，炮六平五，捉死黑车，红方胜定。

② 车四进五　士5进6

③ 炮六平五　将5平4

④ 仕五进六（红方胜势）

第45型

第1题

① 炮七平五　士4进5

② 马六退五　马7进5

③炮五进三　象3进5

④兵九进一（红方胜势）

第2题

①炮五平六　将4平5

②炮六进六（红方胜势）

第3题

①马八退六　将6平5

②马六进四　炮1平6

③兵五平四（红方胜势）

第4题

①兵六平七　炮3进4

②相五进七　象5进3

③炮九进五（红方胜势）

第46型

第1题

①兵六平七　卒1进1

黑方如改走车4平3，仕五进六，卒6进1，帅五平四，车3平9，帅四平五，红方弃炮后形成车高兵胜势局面。

②车五平六　车4退4

③兵七平六　卒1进1

④炮一进三（红方胜势）

第2题

①炮五平六

保留中兵，不吃黑炮是简明取胜之法。

①……　　炮4退1

②炮六进三　炮4进5

黑方被迫只能交换，如炮4平5，则前炮平七，黑方只能献炮，红方胜定。

③炮六退六　卒4平5

④仕五进六　卒5平4

⑤炮六进二（红方胜势）

第3题

①帅五进一　卒3进1

②炮六平五　将5平4

③车四平五　车3平5

④炮五进六（红方胜势）

第4题

①炮四平五　将5平6

②帅六平五　卒2进1

③炮五平四　卒7平6

④炮四进四（红方胜势）

第47型

第1题

①炮六平五　马3进2

②仕六退五　炮5进3

黑方如改走炮5平6，则兵六平五，士6退5，兵五进一，黑方失士后，红方可以速胜。

③炮五退四　将5平6

④兵六进一（红方胜势）

第2题
① 车一进四　士5退6
② 车一退五　车5平9
③ 兵一进一（红方胜势）

第3题
① 车八平五　马5退7
② 车五进三　马7退5
③ 炮四平五　士4退5
④ 炮五进五　将5平6
⑤ 兵一平二（红方胜势）

第4题
① 兵六进一　马4进2
② 兵六平五　象7进5
③ 炮五进七（红方胜势）

第 48 型

第1题
① 兵六进一　马3退4
② 炮五平六　马4进2
③ 炮六退六　将5平4

黑方如马2进4，则炮六平五，将5平4，前兵平五，红方胜定。

④ 前兵平五　马2进3
⑤ 兵四平五　象7退5

红方低兵已经控将，形成巧胜局面。

第2题
① 车六进一　将4平5

② 车六平五　象7进5
③ 相五进三（红方胜势）

第3题
① 车五进一　将4进1
② 车五退七　车3进4
③ 帅五进一　车3退2

黑方只能兑车延缓危局，如车3平4，则炮二退九，车4退1，帅五退一，车4退4，仕四进五，车4平2，炮二平四，红方车炮兵攻击更为犀利，胜定。

④ 炮二退三　车3平5
⑤ 帅五进一　马2退4
⑥ 帅五退一（红方胜势）

第4题
① 炮七平一　马8进9
② 炮一退一　马9进7
③ 炮一进二　马7退8
④ 炮一平二　马8进9
⑤ 兵三进一（红方胜势）

第 49 型

第1题
① 炮三平九　炮7进1
② 炮九进六　马7退5
③ 兵六平五　炮7平2
④ 炮九平五　象5进7
⑤ 炮五平六

红方利用顿挫战术，准备运炮回到下二路线。

⑤……　　　炮2平4

⑥炮六退六　炮4平2

⑦帅五进一

红方接下来炮六平三再炮三退三，胜定。

第2题

①炮四平五　将5平6

②兵六平五　炮6进7

③仕五进四　象7进5

④炮五进四（红方胜势）

第3题

①车九平五　象7退5

②炮九退六　炮5平6

③帅五退一（红方胜势）

第4题

①兵六平五　马7退6

②兵五平四　炮6平4

③帅四进一（红方胜势）

第50型

第1题

①车九平五　马6退7

黑方如象3进5，则车五退一，马6进5，兵九进一，红方胜定。

②车五平八　象3进5

③车八退一　马4进3

④车八平五　马3进2

黑方如改走马3进1，则车五平八，黑方必失一马。

⑤兵九进一（红方胜势）

第2题

①兵五进一　士4退5

②帅五进一　将5平6

③车六平一　马6进7

④车一平三　前马退9

⑤车三进五　将6进1

⑥车三退一　将6退1

⑦车三平五（红方胜势）

第3题

①相五进七　马3退5

②车三退二　马5进7

③帅四平五　马7进6

④帅五退一　马9进7

⑤帅五退一（红方胜势）

第4题

①兵五进一　马6进5

②兵五进一　将5进1

③车三平四　马5进3

④车四平九　前马进5

⑤兵九进一（红方胜势）

第51型

第1题

①车六平五　将5平6

② 车五平四　将6平5

③ 车四退二　炮5进2

④ 帅六进一　炮5进1

⑤ 兵七平六（红方胜势）

第2题

① 车五平六　象1进3

② 车六平七　炮3平5

③ 车七进四（红方胜势）

第3题

① 车六进六　炮1平2

② 车六平三　前炮进1

③ 相五退七　后炮平5

④ 兵八平七　炮2退4

⑤ 兵七平六　炮2退4

⑥ 车三平一　炮5平4

⑦ 车一退三（红方胜势）

第4题

① 帅四平五　炮6平9

② 仕五进四　炮9进1

③ 相五进三　将5平4

④ 车五进五　炮1进8

⑤ 车五退二（红方胜势）

第52型

第1题

① 车七平五　马5退7

② 仕五进四　马7进8

③ 车五进二　将5平6

④ 车五进一　将6进1

⑤ 仕六进五（红方胜势）

第2题

① 马六进四　马4进6

② 车六平七　炮1退1

③ 车七退三　马6进8

④ 车七进二　将5退1

⑤ 车七平四（红方胜势）

第3题

① 车五退一　炮5进3

黑方如改走马4退3，则车八退一，炮5退2，车八平七，炮5平3，车五退四，炮4平8，车五平七，转换成车高兵例胜双炮残局。

② 相三进五　车5退4

③ 车八平五　马4退5

④ 车五平八（红方胜势）

第4题

① 车五进四　将5平4

② 车五退五　将4进1

③ 车五平七　马3进1

④ 车七平九　马1进3

⑤ 车九进五　将4退1

⑥ 车九退六（红方胜势）

第53型

第1题

① 车三平六　车6退1

黑方如改走车6平7，则车六平二，车7退4，兵六平五，士6进5，车二进一，将6退1，车二平五，红方胜定。

② 帅五退一　车6平1

③ 车六平五　车1进1

④ 帅五进一　车1退8

⑤ 兵六平五　士6进5

⑥ 车五进一　将6退1

⑦ 兵七平六（红方胜势）

第2题

① 车三平四　将6平5

② 车四退三　将5平4

③ 车四平六　将4平5

④ 车六平五　将5平4

⑤ 帅四平五（红方胜势）

第3题

① 车六进一　将5平4

② 车五进三　车2平4

③ 车五平四　车4退7

④ 车四进一　将4进1

⑤ 车四平七（红方胜势）

第4题

① 车七平五　车2平4

② 兵四平五　炮5退7

③ 车五进一　将4进1

④ 兵五平六（红方胜势）

第54型

第1题

① 车二平四　车6进1

黑方如车6平7，则车四平三，车7平6，车三平四，红方长兑车，和棋。

② 炮九平四　车1平6

③ 车六进一　士5进4

④ 炮四平一（双方和势）

第2题

① 兵七进一

红方进兵正着，如炮六平一，则车7退3捉双，黑方胜定。

① ……　　　车7平5

② 炮六平一　车5退3

③ 炮一平七　象5进3

④ 炮七进二（双方和势）

第3题

① 车九退六　炮5平2

② 车九平八　车7平2

③ 炮九平三（双方和势）

第4题

① 车一进三　炮2平5

黑方如卒4平5，则车一平五，红方抽吃黑卒，和棋。

② 车一平五　士6进5

③ 车五退三　卒4平5

④ 炮六退二（双方和势）

164

第 55 型

第 1 题

① 前车退一　马 5 退 4

② 前车平三　象 5 进 7

③ 车二进二　象 7 进 5

④ 车二平一　马 4 进 3

⑤ 兵一进一　卒 1 进 1

⑥ 兵九进一　马 3 进 1

（红方胜势）

第 2 题

① 车七进一　车 2 平 7

② 车七平二　车 7 进 1

③ 相五进三（红方胜势）

第 3 题

① 车一进二　马 7 进 8

② 车一平二　马 8 进 6

③ 车二平四　马 6 进 4

④ 兵六平五（红方胜势）

第 4 题

① 车三平七　车 3 进 1

② 相五进七　象 3 进 5

③ 兵九进一（红方胜势）

第 56 型

第 1 题

① 车九平二　将 6 平 5

黑方如改走车 5 平 9，则车二

平五，卒 9 进 1，兵一进一，车 9 进
2，车五退二，车 9 平 6，车五平九，
转换成车高兵例胜车象的局面。

② 车二退三　车 5 进 1

③ 车二平一　卒 1 进 1

④ 兵九进一　车 5 平 1

⑤ 兵一进一（红方胜势）

第 2 题

① 兵九进一　车 5 平 1

② 车三平六　将 4 平 5

③ 车六进一　车 1 退 1

黑方如改走车 1 平 6，则帅四
平五，车 6 平 5，帅五平四，车 5
退 3，车六平九，以后红方兑兵，
即成和棋。

④ 车六平九　车 1 进 2

⑤ 相七退九（双方和势）

第 3 题

① 车五平六　车 7 平 5

② 车六退四　车 5 进 2

③ 帅六进一　车 5 平 9

④ 相五进三　卒 9 进 1

⑤ 车六平一　车 9 平 4

⑥ 帅六平五　车 4 平 5

⑦ 相三退五　车 5 退 2

⑧ 帅五平六（双方和势）

第 4 题

① 车六退二　炮 5 进 5

红方退车捉象，迫使黑方换炮。

② 相七进五　　车5平9

③ 兵一进一　　象3退5

④ 仕五退四　　车9平5

⑤ 仕六退五（红方胜势）

第 57 型

第1题

① 车九退二　　车4进2

② 车九平七　　车4平9

③ 车七平五　　卒9进1

④ 车五退一　　车9平4

⑤ 车五平一（红方胜势）

第2题

① 前兵平四　　炮4平6

② 车四退一　　将5退1

③ 兵三进一　　士4进5

④ 帅四平五　　车1平5

⑤ 仕六进五　　将5平4

⑥ 车四退二　　将4进1

　　（双方和势）

第3题

① 兵六平五　　前车平2

黑方如改走象5进3，则兵五平四，士6退5，车八平五，红方速胜。

② 车八退二　　车1进1

③ 兵五进一　　车1进1

④ 车八平五（红方胜势）

第4题

① 车一进二　　车6进2

② 车一进五　　将6退1

③ 车一平五　　炮4平6

④ 车五退二

准备车五平四牵制。

⑤ ……　　　　炮6进4

⑥ 仕五退四　　车6平4

⑦ 车五进一　　将6进1

⑧ 兵二进一（红方胜势）

第 58 型

第1题

① 车八进四　　马3退5

② 兵六平五　　将5进1

③ 车八平六　　马5退3

④ 车六退三　　马3进4

黑方如改走马6退4，则车六平七，接下来再兵九进一，红方同样可以获胜。

⑤ 兵九进一（红方胜势）

第2题

① 兵四平五　　将5进1

② 车三平四　　马6退7

③ 车四退三（红方胜势）

第3题

① 车一进一　　将5进1

② 兵九进一　　马3进1

166

③车一平六（红方胜势）

第4题

①车六进四　马4退6

②车六平四　象3退5

③车四退二　马3退4

④车四退一　象7进9

⑤车四平一　象5退7

⑥车一平四（红方胜势）

第59型

第1题

①车七进三　士5退4

②车七退四　马8退6

③帅六退一　士6进5

④帅六平五　马4退6

⑤车七平九（红方胜势）

第2题

①车一进四　车6退6

②车一平四　将5平6

③兵三进一（红方胜势）

第3题

①兵二平三　后马进7

②车五退一　车8退1

③仕五进四　车8平5

④车五进一　马7进5

⑤车四平七（红方胜势）

第4题

①车九进四　车8平5

②车五退二　马4进5

③车九平五　马3进4

④车五进一（红方胜势）

第60型

第1题

①车七进六　炮4平7

②车七退二　炮7进7

③车七平五　士6进5

④车五退二　炮2退2

⑤车五平九（红方胜势）

第2题

①车八进五　士5退4

黑方如改走炮3退2，则兵六平五，炮3平4，兵五进一，红方胜定。

②车八退二　炮6平8

③兵六平五　士6进5

④兵五进一（红方胜势）

第3题

①车一平五　炮1平3

②兵四平五　士5进4

黑方如改走象5退3，则车五平二，炮8平7，车二进二，炮7平9，车二平七，炮9平7，兵九平八，以后红方进八路兵攻炮，红方胜势。

③兵五进一　象7进5

167

④ 车五进二　士6进5

⑤ 车五退一（红方胜势）

第4题

① 车一平二　炮6退4

黑方如改走卒8平7，则车二平四，士5进6，兵六进一，红方胜定。

② 车二退一　炮9进1

③ 车二进五　将6退1

④ 车二退一（红方胜势）

第61型

第1题

① 车八平五　马6进7

② 车五进一　马7进6

③ 车五平四　马6退5

④ 车四退二　马5进7

⑤ 车四平一（红方胜势）

第2题

① 车九平三　车7平8

② 车三进四　车8进2

③ 仕五退四　车8退8

黑方如改走车8退7，则车三平四，士5进4，马五退四，士4进5，马四进六，以后有马六进八的威胁，黑方仍要车8退1兑车，红方胜定。

④ 车三平二　马6进8

⑤ 车五平三（红方胜势）

第3题

① 帅五平六　炮6退4

黑方如改走炮6平4，则车一平四，马6进7，车四平六，红方胜定。

② 车一平四　马6进4

③ 车四进二（红方胜势）

第4题

① 车八平六　车5退1

② 帅五平六　车5退1

③ 马七进五　马3进4

④ 车六进一　卒1进1

⑤ 兵九进一　卒2平1

⑥ 车六平九（红方胜势）

第62型

第1题

① 车二平五　炮5平4

② 仕六进五　卒1进1

③ 兵九进一　炮4平1

④ 相三退五　炮1退4

⑤ 相五进七（红方胜势）

第2题

① 车二进五　后炮进6

黑方如前炮进1，则车二平一捉双，红方胜定。

② 车二平一　炮9平7

③马六进八　将5平4

④车一退五　炮7退4

⑤车一平六　士5进4

⑥车六平九　炮7平6

⑦车九进三（红方胜势）

第3题

①仕六进五　车7进3

②帅五平六　车7平5

③马三进五（红方胜势）

第4题

①车七进三　将6进1

②马六进八　炮4退2

③马八退六（红方胜势）

第63型

第1题

①兵七平六　车4退2

黑方如改走将5退1，车四进三，黑方还要弃车吃兵。

②马七进六　将5平4

③车四进三　将4退1

④车四进一　将4进1

⑤车四退七　前马退8

⑥车四进六　将4退1

⑦马三进五（红方胜势）

第2题

①兵六平五　士4进5

②马四进六　士5进4

③车八平二　马2退3

④马七进八　将5平4

⑤马八进六（红方胜势）

第3题

①马八进七　将4平5

②马七进九　象3退1

③车八退一　将5退1

④车八平六　象5进3

黑方士、象必失其一，选择保留双象要更顽强一些。

⑤车六退一（红方胜势）

第4题

①车六平五　马5进7

②兵四进一　士5进6

③马六进四　将5平6

④车五退二　马7退8

⑤车五平四（红方胜势）

第64型

第1题

①车八退五　马5进6

黑方如改走炮1退3，车八平五，将5进1，仕五进四，红方捉死黑马。

②车八平九（红方胜势）

第2题

①马五退三　前马退3

②帅六平五　车4平7

③车三退一　士5进4

④车三进二　将6进1

⑤车三进一　将6退1

⑥马四进三（红方胜势）

第3题

①车五平三　马7进6

②车三进六　将4进1

③车三平七　马5退6

④车七退四（红方胜势）

第4题

①马三进二　马4进3

②车一进四　马3进5

③车一进二　将5平4

④车一平三　将4进1

⑤马二退三（红方胜势）

第65型

第1题

①马八退七　炮1平6

黑方如改走士5退4，则车三进四，将6进1，马七进五，将6平5，马五退六，炮1平6，车三退五，红方可速胜。

②车三进四　将6进1

③马七进五　将6平5

④马五退六（红方胜势）

第2题

①车六平一　车9平4

②仕五进六　马5进6

③仕六退五　士6退5

④车一平八　将4平5

⑤车八进四　士5退4

⑥车八平七（红方胜势）

第3题

①马九进八　炮3退1

黑方如将4平5，则马八退七，红方抽吃黑车。

②车八退二　士4进5

③马八退七　车5进1

黑方如改走车5平4，则车八进三，炮3进1，车八平七，将4退1，车七平五绝杀，红胜。

④车八平五　马5退3

⑤车五平六　士5进4

⑥马七进九（红方胜势）

第4题

①马一进三　炮6退4

②车二退二　马2进4

③马三进一　车7平8

④车二进三（红方胜势）

第66型

第1题

①车六平五　将6退1

②车五平三　将6平5

③车三退一　炮7平6

④帅四平五　马3退4

⑤车三平四（红方胜势）

第2题

①马四进六　炮9退7

②车三退二　炮9进1

③车三进一　将6退1

④马六退五　炮9进4

⑤马五进四（红方胜势）

第3题

①车七退六　士6进5

②车七平九　炮4进1

③兵四平五　将5进1

④相九退七　马9进7

⑤车九进三（红方胜势）

第4题

①兵六平五　将6平5

②车四进二　象7进5

③车四退三　卒1进1

④车四退一　卒1进1

⑤相七进九（红方胜势）

第67型

第1题

①马二进三　炮6平7

②马三进五（红方胜势）

第2题

①马八进七　将5进1

②马七退五　前炮平5

黑方如改走将5进1，则车三平五，将5平4，相五进七，前炮平5，车五退二，红方胜定。

③相五进三　炮6平5

④马五退七　将5平6

⑤马七退五（红方胜势）

第3题

①车三退三　士5进4

②兵七平六　炮9退8

黑方如改走马8退9，则车三平一捉马，红方胜定。

③车三平二　炮9进4

④车二退一（红方胜势）

第4题

①车六平八　车2进1

②车五平八　炮4平2

③马三退四（红方胜势）

第68型

第1题

①车六平四　炮7平3

②车四进三　将5进1

③马七退九　炮3进1

④车四退一　炮9进2

⑤马九退八　炮9平6

⑥车四平六　象7进9

⑦马八进七（红方胜势）

171

第2题

① 车三平六　将6进1

② 车六退一　象5退7

③ 车六平五（红方胜势）

第3题

① 兵六进一　将5平4

黑方如改走将5进1，则车八进二，炮4退1，兵六平五，炮6退1，兵五平四，红方胜定。

② 车八进三　将4进1

③ 车八平四（红方胜势）

第4题

① 马二进四　炮5退3

② 兵四平五　车5退5

③ 车八退一　将4退1

④ 车八平五（红方胜势）

第69型

第1题

① 车八进三　将4进1

② 马六进七　炮1平5

③ 仕五进六　车1退5

④ 马七进九（红方胜势）

第2题

① 车八平五　炮6平5

② 帅五平六　卒5平4

黑方如改走卒5平6，则马七进六，红方胜定。

③ 车五平六　士6进5

④ 车六退二（红方胜势）

第3题

① 马三退五　炮1平5

② 帅六平五　将4平5

③ 马五退六（红方胜势）

第4题

① 马三进四　车9平6

② 车二平三　士5退6

③ 马四退六　炮3平4

④ 马六退四　炮7平5

⑤ 仕四进五（红方胜势）

第70型

第1题

① 马三退四　象7进5

② 兵五进一　象3进5

③ 马四进六（红方胜势）

第2题

① 马四进三　车6退3

② 帅五平六　炮5平4

③ 车六进一　士6进5

④ 车六平七（红方胜势）

第3题

① 车五平六　士5进4

② 马五进六　车2进6

③ 帅四进一　马3退1

④ 马六退七　将4平5

⑤马七退九（红方胜势）

第4题

① 车九平四　士4进5
② 相五进三（红方胜势）

第71型

第1题

① 兵七进一　象1退3
② 车七进二　车2平1
③ 马九退八　车1平2
④ 马八退七（红方胜势）

第2题

① 马七进五　车5进3
② 马五进三　将5平4
③ 车七进一　车5平4
④ 车七进五　将4进1
⑤ 仕六退五（红方胜势）

第3题

① 车四平一　车4平1
② 马九进七　车1进3
③ 车一平五　车1平7
④ 车五平一（红方胜势）

第4题

① 车八退三　车8平6

黑方如改走马3退5，则车八平六，士5进4，帅五平六，将4退1，车六进一，将4平5，车六平五再车五进一，绝杀。

② 车八平七　车6平7
③ 车七平六　士5进4
④ 车六平九　士4退5
⑤ 车九进三（红方胜势）

以下着法为双方续走着法：

⑤ ……　　将4进1
⑥ 仕五退四　将4退1
⑦ 相五进三　将4进1
⑧ 车九退四　将4退1
⑨ 车九平六　士5进4
⑩ 车六平三　车7平6

红马从底线调出来，胜定。

第72型

第1题

① 车二退四　车9退6
② 车二平九　马7退6
③ 车九平五　车9进6
④ 仕六退五　马6进8
⑤ 车五平四　马8进7
⑥ 车四退四　马7退6
⑦ 车四进一（双方和势）

第2题

① 仕六进五　车7退4
② 炮五进四　象7进5
③ 车四平六　马5退3
④ 车六退一（双方和势）

173

第3题

①帅四退一　马2进4

②车五进四　象7进5

③帅四平五　车8平5

④相五退七　马4退5

⑤车六退一（双方和势）

第4题

①车二平四　马9进8

②车四退一　马8退7

③车四进四　士5进6

④车一退四　马7进6

⑤车一平四　马6退4

⑥车四平六（双方和势）

第73型

第1题

①炮二退八　马4退2

②车六进二　马2退4

③车六平七　马3退4

④炮二平五　后马进2

⑤车七平六　士5进6

⑥炮五进四（红方胜势）

第2题

①车一平七　车5平3

黑方如改走马5进3，则仕五
进四，以后炮四平五，红方胜势。

②车七进一　象5进3

③车六退二　马5进6

④仕五进四（红方胜势）

第3题

①马七进五　炮8平6

②车二进三　士5退6

③炮四进四　马7进5

黑方如改走马7退6，则马五
进六，士4进5，马六进七，将5
平4，马七退五，破象后红方获胜
更为迅速。

④炮四平一

红方平炮准备炮一进二进底
炮，保持攻击力量，也可炮四平九
破象，红方胜定。

第4题

①车一平二　卒6平7

②炮八退五　将6退1

③车二进三　马8退7

④车三退一（红方胜势）

第74型

第1题

①炮九平八　车2平4

②炮八平六　卒6进1

③车五退三　车4平5

④仕五进四（双方和势）

第2题

①马六退七　炮2退1

②兵五进一　卒5进1

③ 马七进五　车3平5

④ 相九退七（双方和势）

第3题

① 车九平五　炮8平9

② 炮九退六　炮9平7

③ 马三进五　车7平5

④ 车五退一（双方和势）

第4题

① 马六退五　车7退1

② 马五退三　车7进3

③ 炮六退二（双方和势）

第75型

第1题

① 车五退六　将4退1

黑方如改走马8退9，仕六退五，士4退5，车五平六，士5进4，车六平三，红方胜定。

② 车五平二　马8进7

③ 相五退三　车7进7

④ 帅五进一　车7退7

⑤ 车二平五（红方胜势）

第2题

① 炮九进四　将4平5

② 炮九退二　将5平4

③ 车六退一　车4平1

黑方如车4退1，则炮九平六，转换成炮双仕例胜双士的残局，红

方胜定。

④ 炮九平八　车1平2

⑤ 相七退五　将4平5

⑥ 炮八平七（红方胜势）

第3题

① 兵七进一　马2退1

② 车六平八　车6平3

③ 车八进五　将4进1

④ 炮八平六　车3平4

⑤ 炮六退一　士5进6

⑥ 车八退一　将4退1

⑦ 车八平九（红方胜势）

第4题

① 兵五进一　象7进5

② 炮五进七　将5平4

③ 车八平四　车4平5

④ 炮五平八　车5平2

⑤ 炮八平五　车2平4

⑥ 炮五退五（红方胜势）

第76型

第1题

① 车三退一　车6进1

② 车三平四　车6平8

③ 车四进六　将6平5

④ 车四进二　将5进1

⑤ 车四平六　炮5平2

⑥ 车六退七（双方和势）

第2题
① 车四平二　车1平5
② 车二进三　士5退6
③ 车二平四　将5进1
④ 车四退五（双方和势）

第3题
① 炮五平四　将6平5
② 车六平二　车4退1
③ 车二进四　将5平4
④ 车二平四　车4退3
（双方和势）

第4题
① 车三平五　车6退2
② 马六进五　士4进5
③ 车五进二　炮6进1
④ 车五退六　车6退2
⑤ 车五进七　将6进1
⑥ 相七退五（双方和势）

第77型

第1题
① 车五退三　象3退5
② 车五平四　将4退1
③ 车四进七　将4进1
④ 车四平五（红方胜势）

第2题
① 炮一退四　将4平5
② 相三进一　车4进2

③ 车四退三　车4退2
④ 炮一平六　将5进1
⑤ 车四进一　车4进2
⑥ 帅四进一　将5退1
⑦ 炮六平五（红方胜势）

第3题
① 车四平八　士5退4
② 车八进三　士6退5
③ 兵六平五　将5进1
④ 车八平六（红方胜势）

第4题
① 马七进八　车6平2
② 炮九退三　车2进3
③ 帅五进一　车2平6
④ 车九进四　将4退1
⑤ 车九平四（红方胜势）

第78型

第1题
① 马七退五　将5退1
② 相七进五　车7进3
③ 马五进三　将5平6
④ 车八退四　车7退7
⑤ 相五进三（红方胜势）

第2题
① 炮七进七　将5平4
② 炮七退一　将4进1
③ 炮七平二（红方胜势）

第3题

① 车五平七　士5进4

② 车七进四　将5进1

③ 车七退八　炮4进2

④ 车七平六　车2进3

⑤ 仕五退六　车2退3

⑥ 车六平四（红方胜势）

第4题

① 车四平一　卒9进1

② 车一退三　车5平9

③ 车一退二（红方胜势）

第79型

第1题

① 车九退一　将4退1

② 车九平五（红方胜势）

第2题

① 车五平六　车7平5

② 车六退一（红方胜势）

第3题

① 仕五进四　车4进1

② 仕四退五　车4平3

③ 车七平八　象5进7

④ 相三进五　车3平4

⑤ 兵六进一　车4退4

⑥ 车八平四（红方胜势）

第4题

① 车九平四　马5退7

② 车二平三　车3进3

③ 仕五退六　将5平4

④ 仕四进五　车3退4

⑤ 车三进一　车5平6

⑥ 车四退四　车3平6

⑦ 车三退一（红方胜势）

第80型

第1题

① 马七进六　炮7平6

② 马六进五　车4平5

③ 马五进七　车5平1

④ 马七退九　车1退3

⑤ 车七平四（双方和势）

第2题

① 炮一退五　炮3平2

② 炮一平四　炮2进8

③ 相五退七　车1平5

④ 车二退三　车5平6

⑤ 车二进一　车6平7

⑥ 相三进五（双方和势）

第3题

① 马八进九　卒5进1

② 车五进二　车9平1

③ 车五退一　车1进3

④ 车五平六　炮4平3

⑤ 相三退一　象5进3

⑥ 相一退三（双方和势）

第4题

① 车四平九　炮5平1

② 车九退一　炮1退6

③ 车九进三（双方和势）

第81型

第1题

① 马八进六　马3进4

② 马六进八　将4平5

③ 马五退六（红方胜势）

第2题

① 马六退五　炮5退1

② 马八退七　将6退1

③ 马五进四　炮5平6

④ 炮四进三　士5进6

⑤ 马四进六（红方胜势）

第3题

① 相五进三　士5进6

② 相三退一　士4进5

③ 马三进二　象5退7

④ 马二退一（红方胜势）

第4题

① 车九平一　马9退8

黑方如改走马9退7，则车一平三，马7进9，马五进六，士5进4，马三进四，红方速胜。

② 车一平二　车8进3

③ 马三退二（红方胜势）

第82型

第1题

① 马九进七　马4退6

② 马七进六　马6进5

③ 马六退七　马5退4

④ 马五进三（红方胜势）

第2题

① 兵四平五　后马退2

② 兵五平六　士5进4

③ 马二进四（红方胜势）

第3题

① 马二退四　马5进7

② 马五进七　将4平5

③ 马七进八　马7进5

④ 马八退六（红方胜势）

第4题

① 兵四进一　将5平6

黑方如改走士5退6，则马七进六，将5平4，马六退四，红方抽吃黑马。

② 马七退五　象9退7

③ 后马进四（红方胜势）

第83型

第1题

① 马二退三　炮7平5

② 炮四平五　炮5进7

③帅五进一　马3退5

④马三进五　马5退3

⑤帅五平四（红方胜势）

第2题

①马四进六　士6进5

②兵五平四　将5平6

③兵四进一　将6进1

④马三退一（红方胜势）

第3题

①车五进一　车3平5

②前马进七　将5平4

③马七退五（红方胜势）

第4题

①马七退六　卒2平1

②后马进八　卒1平2

③马六退七　马8退6

④马七退八（红方胜势）

第84型

第1题

①兵六进一　将5平4

②马二进三　将4退1

③马三退一（红方胜势）

第2题

①兵六平五　将6平5

②马二进四　将5退1

③马四退五（红方胜势）

第3题

①兵六平五　士6进5

②兵四平五　将5进1

③马五进四（红方胜势）

第4题

①兵四平五　将5进1

②马五进六　马6退5

③马七退八（红方胜势）

第85型

第1题

①炮二退八　马2退4

②仕五进六　马6进5

③马七进五　炮3平5

④炮二平六　马5进4

⑤马八退六（红方胜势）

第2题

①马二退四　马7退6

②车二进一　炮4退5

③车二平四　马5退4

④帅六平五　马4进6

⑤马五进四（红方胜势）

第3题

①兵四平五　士4退5

②马八退七（红方胜势）

第4题

①马八进七　将4平5

② 马七进九　炮3平4
③ 马八退六（红方胜势）

第86型

第1题
① 马二进四　炮7退1
② 马三进二　炮7平5
③ 兵六进一　将5平4
④ 马二进四（红方胜势）

第2题
① 帅六平五　炮8进9
② 马六退四　炮8平9

黑方如炮6退2，则马四退二吃炮。

③ 仕四退五　将6退1
④ 仕五退四（红方胜势）

第3题
① 马二进四　将5进1
② 马四退三　炮8退2
③ 马三进五　炮8平3
④ 帅五平四（红方胜势）

第4题
① 车三退四　车3平5
② 帅五平六　车5平7
③ 马二退三　将6退1
④ 马三进二　将6退1
⑤ 马二退一（红方胜势）

第87型

第1题
① 炮二平六　马5进4
② 帅五平六　马8进6
③ 相七进九（双方和势）

第2题
① 炮六平七　卒6平5
② 仕六退五　马3进5
③ 炮七平六　马7退9
④ 相三退五（双方和势）

第3题
① 帅四进一　卒4平5
② 炮二平五　马6退8
③ 炮五平七　后马进7
④ 炮七进一　马7进8
⑤ 帅四退一　后马退9
⑥ 炮七平八（双方和势）

第4题
① 炮五平四　卒6平5
② 马三退五　马2退3
③ 帅六退一　马7退5
④ 炮四退二　马5退3
⑤ 帅六平五（双方和势）

第88型

第1题
① 炮八退三　卒5进1

② 炮九退一　卒 5 平 4

③ 帅六进一（红方胜势）

第 2 题

① 帅五平四　象 3 退 1

② 后炮平五　士 5 退 6

③ 炮四进八（红方胜势）

第 3 题

① 炮四退三　将 5 平 6

② 炮五平六　将 6 平 5

③ 帅五平四　士 5 进 6

④ 炮四进七（红方胜势）

第 4 题

① 炮四平六　车 4 平 5

② 车五进二　象 3 退 5

③ 炮八进一　将 4 平 5

④ 炮六平五（红方胜势）

第 89 型

第 1 题

① 马四进六　前炮进 2

② 马六退五　炮 5 进 7

③ 相七退五（双方和势）

第 2 题

① 帅五进一　将 5 退 1

② 炮三退七　象 1 退 3

③ 炮三平五　象 3 退 5

④ 炮五进二　将 5 平 4

⑤ 帅五退一（双方和势）

第 3 题

① 炮九平四　炮 6 进 6

② 炮六进六　将 5 平 4

③ 炮六退三（双方和势）

第 4 题

① 炮九平六　炮 3 退 1

② 炮六进二　炮 3 退 5

③ 炮五平六　将 4 平 5

④ 前炮退三（双方和势）

第 90 型

第 1 题

① 兵六进一　士 4 进 5

② 炮五平二　象 3 退 5

③ 炮二进五　炮 6 平 4

④ 炮三平六（红方胜势）

第 2 题

① 炮六进八　象 5 进 3

② 车七平三　象 3 退 5

③ 车三退二　象 5 进 7

　（红方胜势）

第 3 题

① 马三进五　将 5 平 6

② 马五退四　马 7 进 6

③ 炮五平四　将 6 退 1

④ 仕四退五　将 6 平 5

⑤ 后炮进四（红方胜势）

第4题

① 炮一平五　将5平4

② 前炮平六　象7退5

③ 炮五平六　将4平5

④ 前炮进四（红方胜势）

第91型

第1题

① 炮三进三　将4进1

② 炮三退一　将4退1

③ 炮三平七　卒2平3

④ 炮七退二（红方胜势）

第2题

① 炮六平四　马4进6

② 炮五平四　卒9平8

③ 后炮进三（红方胜势）

第3题

① 炮三进二　卒1平2

② 相五进三　马4退5

黑方只能弃马吃兵，如士6进5，则兵五进一，将6退1，炮四进七，红方可速胜。

③ 炮三平五　将6平5

④ 炮五退六（红方胜势）

第4题

① 炮四平五　卒8进1

② 后炮进二　将5平6

③ 后炮平六（红方胜势）

第92型

第1题

① 炮九进七　将6退1

黑方如改走象9退7，则仕四退五，马7退6，炮九退四，士4进5，炮九平四，红方胜定。

② 炮九平一　士4进5

③ 炮一退一（红方胜势）

第2题

① 炮七进八　将5进1

② 炮七退八　将5平6

③ 炮五进二　马5进3

④ 炮五退四（红方胜势）

第3题

① 兵五平四　炮9平6

② 兵四进一　将6进1

③ 炮四平八（红方胜势）

第4题

① 炮一平三　将4进1

② 炮三退一　将4进1

③ 炮三平七（红方胜势）

第93型

第1题

① 炮四平六　后马退5

② 炮五平六　将4平5

③ 前炮退四（红方胜势）

第2题
① 炮五平六　马4进6
② 仕六进五　马6退5
③ 炮八进一　马5进7
④ 炮八平六（红方胜势）

第3题
① 前炮平二　炮6平8
② 仕五进四　炮8平6
③ 炮四进五　马4退5
④ 炮二平四　将6平5
⑤ 后炮平五（红方胜势）

第4题
① 兵六进一　将6退1
② 兵六平五　炮5退4
③ 炮五进五（红方胜势）

第94型

第1题
① 炮七平五　将5退1
② 炮五退五　炮4退3
③ 炮九退四　将5平4
　　　　（双方和势）

第2题
① 炮四平七　炮4平9
② 炮七进五　炮9平3
③ 炮七平三　炮3平5
④ 炮三退五　炮5退5
⑤ 炮三平四（双方和势）

第3题
① 马三退五　将5平4
② 马五进六　将4退1
③ 炮五平六（红方胜势）

第4题
① 炮六平四　炮6平7
② 炮四进七　炮7退4
③ 炮四退五（红方胜势）

第95型

第1题
① 炮二退二　炮2平7
② 炮二平五　将5平6
③ 炮八进七　将6进1
④ 炮八退一　士5进4
⑤ 炮五退六（红方胜势）

第2题
① 炮九平五　马9进8
② 马四退二　炮6平4
③ 炮五退三　炮5退2
④ 炮五平二　炮4平8
⑤ 后炮进二（红方胜势）

第3题
① 前炮平三　士5进4
② 炮三退五　炮4平9
③ 炮三平一　炮9进3
④ 炮一进三（红方胜势）

第4题

① 炮八平五　士5进6

② 帅四平五　炮6退3

③ 炮四进四　炮2进5

④ 仕四退五（红方胜势）

第96型

第1题

① 相一进三　炮8平5

② 炮三进二　象5进7

③ 炮六平七　前炮进3

④ 炮七平四　前炮平4

⑤ 相五退三　炮4退8

⑥ 相三进一（双方和势）

第2题

① 炮八平四　后炮平5

② 炮四退二　将6平5

③ 帅五平六（双方和势）

第3题

① 兵五平六　炮8平5

② 相三退五　卒4平5

③ 仕四进五　炮4进2

④ 炮三进二　炮4平5

⑤ 帅五平四　前炮进4

⑥ 炮三进一（双方和势）

第4题

① 帅四平五　炮1进6

② 仕四退五　卒4平5

③ 帅五进一　炮1平8

④ 炮一平二　士5退6

黑方如炮9平7，红方则炮二进八抽吃黑炮。

⑤ 炮二进一（双方和势）

第97型

第1题

① 马二进三　将6进1

② 马三退五　象7退5

③ 马五退四（红方胜势）

第2题

① 兵六进一　将5平4

② 马七进八　将4进1

③ 马八退九（红方胜势）

第3题

① 帅五平六　士6退5

② 马二退四　象1退3

③ 马四退五　士5进6

④ 马五进七　士6退5

⑤ 马七退九　将4平5

⑥ 马九退八（红方胜势）

第4题

① 马七进六　将5进1

② 马六退五　卒4进1

③ 马五退四　卒4平5

④ 帅四进一　将5退1

⑤ 炮三平五　将5进1

184

⑥马四进六　卒5平4

⑦炮五平六　象9进7

⑧炮六退四（红方胜势）

第98型

第1题

①炮五平四　马5退6

②马四进六　将6平5

③马六进八　马6进5

④马八退九（红方胜势）

第2题

①炮二退二　马6退4

②炮二平五　马4退5

③炮三退一　将4退1

④炮三平五（红方胜势）

第3题

①炮一平五　士5进6

②炮五退三　炮7退6

③炮五平六　炮7平4

④炮六进二　马2退1

⑤马六退四（红方胜势）

第4题

①炮二退八　马6退4

②炮二平四　炮7平6

③炮四进六　将6进1

④炮九退五（红方胜势）

第99型

第1题

①兵六进一　将5平4

黑方如将5退1，红方则炮二进八抽吃黑炮。

②炮二平六　将4平5

③相一退三　马6进5

④炮六平五（红方胜势）

第2题

①炮六退四　象5进3

②马七退五　马1进2

③仕五进六　马2退4

④兵四平五　马3退5

⑤炮六进四　象7退9

⑥马五进六　马5进4

⑦帅六平五（红方胜势）

第3题

①马六退五　马4退3

②炮二平四　马3退5

③炮四进五（红方胜势）

第4题

①炮六进一　将6平5

②仕六退五　马6退4

③帅五平四　马4退5

④炮六平三　马5进6

⑤仕五进六　马6进4

⑥帅四退一（红方胜势）

第100型

第1题
① 马三退二 马6进8
② 马四进六 卒1平2
③ 仕五进四 卒2平3
④ 相五进七 马8退7
⑤ 马六进四（红方胜势）

第2题
① 炮九退一 将5退1
② 马八退六 将5平6
③ 马六退八（红方胜势）

第3题
① 马二进一 炮9平5

黑方如改走士5进4，则马一退三，将5平4，兵五进一，象7进5，马三退五，士6进5，炮一退二，红方一兵换双象，胜定。

② 兵四平五 马3进5
③ 炮一退四（红方胜势）

第4题
① 炮八平二 马8进6
② 马二进三 马6退7
③ 马二进三（红方胜势）

第101型

第1题
① 马七退六 炮2进3

② 帅五进一 炮2退6
③ 马六进五 炮2平5
④ 帅五平四（红方胜势）

第2题
① 炮一退一 士4进5
② 仕五进六 炮8退1
③ 仕四退五 卒4平5
④ 仕六退五（红方胜势）

第3题
① 马三退四 炮6进1
② 马四退五 炮6进2
③ 炮六进一 炮6进1
④ 马五进七（红方胜势）

第4题
① 马一进三 将5平6
② 兵五进一 象3进5
③ 马三退五（红方胜势）

第102型

第1题
① 马七退六 将4平5
② 兵四平五 将5平6
③ 炮六退四

红方准备仕五进四，再炮六平四得子。

③ …… 炮5退2
④ 马六进四（红方胜势）

第2题

① 炮六进四　炮4进2

黑方如改走将4平5，则炮六平八，象3退1，兵六进一，炮4平5，马五进四，象5退3，兵六进一，以后红方帅五平六，胜定。

② 马五进六（红方胜势）

第3题

① 兵四平五　将5平4

② 炮九进五　马6退5

③ 炮九平五　将4平5

④ 炮五平二（红方胜势）

第4题

① 炮二退六　炮4平5

② 马四进二　将6退1

③ 炮二平四　士5进6

④ 帅五平六　象3退5

⑤ 炮四进六（红方胜势）

第103型

第1题

① 马七进六　将6平5

② 炮四平九　炮1进4

③ 炮九平一　炮1平8

④ 相五进七　马4退6

⑤ 马六退四　炮8退5

（双方和势）

第2题

① 炮四平一　马7退8

② 兵九平八　炮9进4

③ 兵八平七　象1进3

④ 炮一进五　马8进9

⑤ 炮五平四（双方和势）

第3题

① 炮九平二　马4进6

② 炮二退三　卒2平1

③ 炮二平九　马6进8

④ 仕五进四　马8进9

⑤ 炮九退一（双方和势）

第4题

① 炮四退二　炮2退6

② 相九退七　士5进4

③ 仕五退六　马5退3

④ 仕六退五　炮2平8

⑤ 炮四进一（双方和势）

第104型

第1题

① 车九进五　士5进4

② 兵七平六　士6进5

③ 兵六进一　士5退4

④ 车九退四（红方胜势）

第2题

① 相九进七　马3进5

② 车三平六（红方胜势）

第 3 题
① 炮一进五　卒 1 进 1
② 车五进一　卒 1 进 1
③ 车五退一　卒 1 进 1
④ 车五退一　卒 1 进 1
⑤ 相七进九（红方胜势）

第 4 题
① 车五平八　象 7 进 5
② 车六退五　马 2 退 4
③ 车六平九　马 1 进 3
④ 车八进二　马 4 进 3
⑤ 车九进三（红方胜势）

第 105 型

第 1 题
① 车三平五　前车平 5
② 炮五平七　车 5 平 9
③ 炮七退二　车 9 平 3
④ 炮三退七　车 4 平 1
⑤ 炮七平六　车 1 进 2
⑥ 炮六退二（双方和势）

第 2 题
① 车六平九　卒 1 进 1
② 马八退七　车 2 进 2
③ 马七进九　车 2 平 1
④ 炮四退二　车 1 平 5
⑤ 炮四进二　车 5 退 1
（双方和势）

第 3 题
① 炮一平五　车 7 平 5
② 车九进六　炮 4 退 2
③ 车九平六　将 5 平 4
④ 炮五平一　车 8 退 4
⑤ 炮一平六　车 8 平 9
⑥ 炮六退三（双方和势）

第 4 题
① 炮八平七　卒 3 进 1
② 兵九进一　卒 3 进 1
③ 兵九进一　卒 3 进 1
④ 炮四平七　车 4 退 2
⑤ 后炮平六　车 4 平 1
⑥ 炮七平六（双方和势）

第 106 型

第 1 题
① 炮一退六　卒 9 进 1
② 车八平七　卒 1 平 2
③ 车二平七　卒 2 平 3
④ 前车退二　车 6 平 4
⑤ 后车平一（双方和势）

第 2 题
① 兵三进一　卒 7 进 1
② 车一平三　象 3 进 5
③ 相五退三　车 2 退 1
④ 相七进五　车 2 进 6
⑤ 车二进二　车 8 进 3

⑥车三平四　车2平1

（双方和势）

第3题

①炮一退六　马7进6

②车四进四　车8平9

③车四平九　车4平3

④车九进三　象5退3

⑤车九退七　车9退3

⑥车九平六　将4平5

（双方和势）

第4题

①车一平七　象5进3

②马七退五　车8平5

③兵九进一　卒1进1

④车四平九　车5平6

⑤相三退一　车4进3

⑥车九平三（双方和势）

第107型

第1题

①车一进六　炮4退1

②兵七平六　将5平4

③车四进三　士5退6

④车一平四　将4进1

⑤车四退一　将4退1

⑥车四平九（红方胜势）

第2题

①车七平一

红方伏有车一进四，再炮五进五的手段，黑方车不能离开中路，如车5退1，则车一进四，车2平4，黑方失子；又如马6进7，车一平二，马7退6，车二进五，黑方只能车5进3吃炮，红方必胜。

①……　　　车5进3

②相三进五　车2进3

③车一进四　车2平6

④车一平五　将5平4

⑤车五平一（红方胜势）

第3题

①兵七进一　车2平1

②仕五退六　象7进5

黑方为解杀，只好弃象。

③车七平五　车1平3

④车五平一　马8进7

⑤车一平四　车3进5

⑥车四平八（红方胜势）

第4题

①仕五退六

红方伏有车八平二叫杀的手段。

①……　　　炮2平6

黑方如改走士4进5，则车八平一，红方仍可成杀。

②车七平四（红方胜势）

189

第 108 型

第 1 题

① 马二退三　车 4 平 7

② 马三退一　车 7 进 2

③ 车四退一　车 1 进 4

④ 车八平九　车 1 进 1

⑤ 车四平五　车 1 退 4

⑥ 车五平四　车 1 平 9

（双方和势）

第 2 题

① 车九平四　车 4 进 3

② 车四退二　车 7 平 5

③ 炮五进二　士 6 进 5

④ 相三退一　车 5 退 1

⑤ 马四退三（双方和势）

第 3 题

① 车一退一　卒 8 进 1

② 车一平二　马 9 退 7

③ 后车平三　车 7 退 2

④ 车二退四　车 7 平 6

（双方和势）

第 4 题

① 炮五进四　象 3 进 5

② 车五平九　炮 1 平 5

③ 车九退三　车 8 进 7

④ 车九平五　车 7 平 5

⑤ 车一退五（双方和势）

第 109 型

第 1 题

① 兵六平五

红方如改走兵六进一，则车 4 退 2，车七进五，士 5 退 4，转换成单车士象全例和双车的局面。

① ……　　　　象 7 进 5

② 车五进四　炮 3 平 4

③ 车七平九　车 4 进 1

（双方和势）

第 2 题

① 车六平九　车 2 进 3

② 仕五退六　车 9 平 5

③ 炮九退三　车 5 进 1

④ 仕四进五（双方和势）

第 3 题

① 车六进七　马 2 进 4

② 车六退六　车 7 平 4

③ 仕四进五　车 4 平 7

④ 炮九平一（双方和势）

第 4 题

① 车五退一　车 4 平 5

② 车一进三　车 6 进 4

③ 车一平六　将 4 平 5

④ 车六平二　车 5 进 1

⑤ 炮一退九　车 5 平 2

⑥ 相三进一　车 2 平 9

⑦ 炮一平四（双方和势）

第 110 型

第 1 题
① 车二退二　车 1 平 5
② 车二平三　炮 6 平 9
③ 车三平四　车 5 平 7
④ 前车进二　将 5 进 1
⑤ 帅五平四（红方胜势）

第 2 题
① 车七进五　象 7 进 5
② 兵六平五　士 6 退 5
③ 车七平五　炮 5 平 4
④ 车二平六　炮 4 进 3
⑤ 车五平六（红方胜势）

第 3 题
① 车八进五　车 6 平 3
② 兵三平四　象 7 退 5
③ 车八退五　车 3 平 4
④ 兵四进一　将 5 平 6
⑤ 车六平五　炮 3 平 6
⑥ 车八进二（红方胜势）

第 4 题
① 炮五进三　炮 1 退 1
② 仕五退四　士 6 进 5
③ 车七进八　车 1 平 2
④ 车七平五（红方胜势）

第 111 型

第 1 题
① 炮二进一　马 7 退 5
② 兵二平一　马 5 退 7
③ 后兵进一　马 7 进 8
黑方只能交换，否则红方取胜
速度更快。
④ 后兵平二（红方胜势）

第 2 题
① 车七平六　车 4 退 2
② 前兵平六　炮 5 平 3
③ 兵五进一　炮 3 进 4
黑方如不交换，马三兵仕相全
同样例胜炮士象全。
④ 相五进七（红方胜势）

第 3 题
① 车七平一　马 3 退 4
② 车一退一　车 7 平 9
③ 马三进一　马 4 进 5
④ 马一退三　马 5 进 7
⑤ 相五进三（红方胜势）

第 4 题
① 兵三进一　象 5 进 7
② 车三平四　车 2 平 7
③ 兵三平四　车 7 平 6
④ 车四进四　士 5 进 6
⑤ 帅五平六　士 6 进 5
⑥ 兵五平四（红方胜势）

第 112 型

第 1 题
① 马二进一　马 7 退 9
② 马三退二　马 9 进 8
③ 马一退三　马 8 进 6
④ 帅五平六　马 6 退 5
⑤ 马三进五　士 4 进 5
⑥ 兵六平五（红方胜势）

第 2 题
① 车四进三　将 5 进 1
② 车四平六　车 2 平 4
③ 帅四退一　马 4 进 2
④ 车六退八　马 2 进 4
⑤ 帅四平五　马 4 退 5
⑥ 兵一进一（红方胜势）

第 3 题
① 帅五进一　马 3 退 5
② 兵七进一　马 5 进 4
③ 炮六进六　马 4 退 6
④ 帅五平四　士 5 进 4
⑤ 兵七平六（红方胜势）

第 4 题
① 兵三平四　象 5 进 3
② 炮二平五　士 6 进 5
③ 前兵平五　马 6 退 4
④ 兵四进一（红方胜势）

第 113 型

第 1 题
① 兵七平六　炮 1 平 5
② 马七进六　士 5 退 4
③ 兵六进一（红方胜势）

第 2 题
① 马二进一　炮 1 退 3
② 马一进三　将 6 进 1
③ 马三进五　将 6 平 5
④ 兵六进一　炮 1 进 1
⑤ 兵五平四　炮 1 平 9
⑥ 兵三进一（红方胜势）

第 3 题
① 兵七平六　炮 5 进 5
② 兵四进一　炮 5 退 2
③ 兵四进一　将 4 平 5
④ 兵六进一　象 5 进 7
⑤ 帅五平六（红方胜势）

第 4 题
① 马三进四　炮 8 平 7
② 兵五平六　将 5 平 4
③ 马四进五　炮 7 平 8
④ 马五进六　士 5 进 4
⑤ 兵六进一（红方胜势）

第114型

第1题

① 马六进七　马3进2

② 马七退五　马2进3

③ 相九退七　马3进4

④ 兵八平九　马4退2

⑤ 相七进九　马2退1

⑥ 仕六进五（红方胜势）

第2题

① 兵二进一　马4退2

② 兵二平三　卒1进1

③ 兵九进一　马2进1

④ 马五退七（红方胜势）

第3题

① 兵六平五　炮8平6

黑方如改走炮8平3，则兵五进一，炮3平2，兵七平六，以后兵六平五再兵五平四，红方胜定。

② 帅五平四　马6退8

③ 炮四进七　马8进7

④ 帅四进一　马7退5

⑤ 帅四退一　将6进1

⑥ 兵七平六（红方胜势）

第4题

① 车七平五　士6进5

② 车五进一　车2平5

黑方如改走车2退1，则帅六平五，将5平6，车五平二，马8

进6，车二平三，马6进7，车三退一，红方得马胜定。

③ 马八进七　将5平6

④ 马七退五（红方胜势）

第115型

第1题

① 马四进二　象1退3

② 相五进七　将5平4

③ 仕五退四　象5进3

④ 兵四平三　马8进6

⑤ 马二进-（红方胜势）

第2题

① 马七进五　象7进9

② 后兵平五　象9进7

③ 兵五平六　卒3进1

④ 相五进七　马5进3

⑤ 兵六平五（红方胜势）

第3题

① 帅五进一　马3进4

② 帅五平六　卒9平8

③ 兵九进一　卒8平7

④ 相五进三　马3退4

⑤ 兵九进一（红方胜势）

第4题

① 兵三平四　马7退6

② 车六进六　车5平4

③ 车六退一　士5进4

④马一进三（红方胜势）

第116型

第1题
① 车二进一　马5退6
② 车二平七　象5进3
③ 马八进七　士5进4
④ 兵九平八　象3退5
（双方和势）

第2题
① 马四退六　马5退7
② 炮八退一　炮8平2
③ 马六退八（双方和势）

第3题
① 马三退二　马4退2
② 马二进四　象7退5
③ 仕五进四　马2进3
④ 兵一进一　马3退5
⑤ 兵一进一　马5退4
（双方和势）

第4题
① 帅五退一　卒3进1
② 仕四退五　卒3进1
③ 仕五退六　卒3平4
④ 帅五平六　马2退3
⑤ 帅六平五　马3退4
⑥ 兵五平六　将6退1
（双方和势）

第117型

第1题
① 马六退八　象3退5
② 兵三进一　炮4平3
③ 兵三平四　炮3退1
④ 兵四平五　士6进5
⑤ 马八退九　象3进1
⑥ 马九进七　象5进3
⑦ 兵九进一（红方胜势）

第2题
① 马六进五　炮5进5
② 仕六进五　士4进5
③ 马五进三　士5进6
④ 马三退一　炮5退5
⑤ 马一退三　炮5平1
⑥ 马三进四　将5平4
⑦ 马四退六（红方胜势）

第3题
① 兵四平五　士6进5
② 马七进五　象3进5
③ 马五退七　炮1进4
④ 马七退六　炮1平2
⑤ 马六进四（红方胜势）

第4题
① 马六进五　将6进1
② 兵九进一　象1退3
③ 兵九进一　象7进5
④ 马五退四（红方胜势）

第 118 型

第1题

① 马八进七　马3进5

② 兵四平五　马5退7

③ 马二退三　象9进7

④ 兵六平五（红方胜势）

第2题

① 马六退八　炮9平3

② 马八退七　炮3进6

③ 兵五进一　炮3平8

④ 兵五进一　象7退5

⑤ 兵九进一　炮8退2

⑥ 马七进六　炮8平9

⑦ 兵五进一（红方胜势）

第3题

① 车二平五　车6退5

② 兵七平六　将6退1

③ 车五退一　炮7平2

④ 车五平四　车6进2

⑤ 马五退四（红方胜势）

第4题

① 马一退三　马9退7

② 马五进三　车8平7

③ 马三退五　车7平5

④ 车五进一　象7进5

⑤ 马五进六　象5退7

⑥ 兵五进一（红方胜势）

第 119 型

第1题

① 马七进五　象5退3

② 车九平七　象7进5

③ 车七退二　车9平3

④ 马五进七　炮9平2

⑤ 兵二平三　将5平6

⑥ 兵一平二　炮2退2

　（双方和势）

第2题

① 相九进七　马4进6

② 兵五平六　马6进4

③ 炮七平六　炮6进4

④ 仕四进五　炮6平4

⑤ 仕五进六　炮4进2

　（双方和势）

第3题

① 炮二退一　卒6平7

② 炮二平一　卒7进1

③ 炮一进四　马8退7

④ 相五进三　马7退9

⑤ 炮一平三　马9退7

⑥ 相三进一（双方和势）

第4题

① 炮六平八　士6进5

② 炮八进一　卒1进1

③ 兵九进一　马2退1

④ 炮八进二　马1进2

⑤ 炮八平一　马2进3

⑥ 相五进三（双方和势）

第120型

第1题

① 炮二退二　马9进8

② 马四退二　卒7进1

③ 马二退四　卒7平6

④ 兵五进一　卒5进1

⑤ 马四进五（双方和势）

第2题

① 兵八进一　车4平2

② 车八进三　马4进2

③ 炮一进四　将5平4

④ 炮一平六　马2进1

　　（双方和势）

第3题

① 车二退四　炮9退3

② 车二平三　象5进7

③ 马一进三　炮9平1

④ 马三进五　炮1进5

⑤ 马五进六　将5进1

　　（双方和势）

第4题

① 兵六平五　象9退7

② 前兵平四　卒9进1

③ 兵一进一　马7退8

④ 兵四平五　马8进9

　　（双方和势）

第121型

第1题

① 兵五进一　炮8平5

② 炮二退五　士5进4

③ 炮二平一　士6退5

④ 炮一进三（红方胜势）

第2题

① 兵七平八　炮9平5

② 兵八平九　士5进4

③ 兵九进一　士6进5

④ 炮八退一　炮5进4

黑方如炮5平2兑炮，则形成高低兵例胜双士残局，红方胜定。

⑤ 兵六进一（红方胜势）

第3题

① 炮九平五　炮3进4

② 兵八平七（红方胜势）

第4题

① 兵一进一　将4进1

② 炮五平六　炮6平4

③ 车四进四　士5进6

④ 仕五退四（红方胜势）

第 122 型

第 1 题

① 马四进六　炮 5 平 4

② 炮七进四　炮 4 进 2

③ 兵五进一　炮 4 平 9

④ 炮七平五　将 5 平 6

⑤ 炮五平六　炮 9 退 2

　（双方和势）

第 2 题

① 兵七进一　卒 5 进 1

② 兵七进一　炮 9 平 4

③ 兵五进一　炮 4 进 3

④ 兵五进一　象 5 进 3

⑤ 炮二平九　炮 4 平 3

⑥ 兵七平八　象 9 退 7

　（双方和势）

第 3 题

① 兵九进一　炮 5 平 2

② 兵九进一　炮 2 进 3

③ 仕五退六　炮 2 退 7

④ 兵九平八　士 5 进 6

⑤ 兵一进一　士 4 进 5

　（双方和势）

第 4 题

① 炮七退二　卒 7 进 1

② 马六进四　卒 7 平 6

③ 马四退五　卒 6 平 5

④ 炮七平一（双方和势）

第 123 型

第 1 题

① 车二平一　炮 9 平 8

② 车一退六　炮 8 退 5

③ 相三进五　炮 8 平 5

④ 仕四进五（红方胜势）

第 2 题

① 车二进一　炮 7 平 6

② 车二平一　炮 6 退 2

③ 车一进三　马 7 进 6

④ 仕五进四　马 6 退 5

⑤ 仕四退五　炮 6 平 1

⑥ 帅四退一（红方胜势）

第 3 题

① 车七平六　象 5 退 7

② 后车退一　车 5 进 1

③ 后车退一　车 5 退 1

④ 前车退二　车 5 平 4

⑤ 车六进一（红方胜势）

第 4 题

① 兵五进一　卒 9 进 1

② 车四平一　马 9 退 7

黑方防止红方兵五进一白吃中象。

③ 车一退一　马 7 进 8

④ 车一平九　马 8 进 6

⑤ 兵六平七

红方不能让黑方以马换兵，否

则转换成炮士象全对车兵的和棋局面。

⑤……　　　马6退7

⑥兵五平四　马7进8

⑦兵四平三　马8进7

⑧车九进二（红方胜势）

第124型

第1题

①兵二进一　马6进7

②帅五平六　马7进8

③车七平四（红方胜势）

第2题

①兵一进一　炮7进4

②相五进三　马7进5

黑方如马7进9，则车二退二捉死黑方前马，红方胜定。

③仕六进五　马9退7

④车二平七　马5退3

⑤兵九进一（红方胜势）

第3题

①兵七平八　卒9进1

②车五进二　马8退9

③车五平一　马9退8

④兵八平九　马8退6

⑤车一平五（红方胜势）

第4题

①马六进五　马5退7

②车四平六　前马进5

③车六退一　马5退7

④车六进二　卒1进1

⑤车六退一　后马进5

⑥车六平九（红方胜势）

第125型

第1题

①炮八平五　车5进2

②炮五进二　卒4平5

③车四平五　将5平6

④车五退三　将6退1

⑤相七进九（红方胜势）

第2题

①兵五进一　炮3退1

②兵九进一　卒9进1

③兵五平四　卒9进1

④车一退三　炮9平8

⑤兵九进一　士4进5

⑥兵四进一（红方胜势）

第3题

①炮八平五　车5进1

②车六平五　卒7平6

③车五平四　卒6平5

④兵五进一　炮8退6

⑤车四平九　炮8平9

⑥车九进一　炮9进5

⑦车九平一　炮9平8

⑧ 兵五进一（红方胜势）

第4题

① 车二平七　炮1退2

② 车七进二　象7进5

③ 兵七进一　炮1平5

④ 车七平一　炮9平8

⑤ 车一平二　炮8平9

⑥ 仕四进五　炮5进5

⑦ 车二平五

红方如改走车二退五，则炮一进1，兵九进一，炮5退3，红方取胜反而麻烦。

⑦ ……　　炮5平6

⑧ 兵七进一（红方胜势）

第126型

第1题

① 兵四进一　炮6退1

② 炮二平六　士5退4

③ 车二平四　士4进5

④ 车四平二　车9平6

⑤ 车二平一　车6平7

⑥ 车一退二（红方胜势）

第2题

① 炮一平五　炮5退2

② 兵五进一（红方胜势）

第3题

① 兵二进一　车6平4

② 兵六平五　士4进5

③ 车二平九（红方胜势）

第4题

① 兵九平八　车3平4

② 仕四进五　士4进5

③ 车三进二　士5退4

④ 车三平六　车4退3

⑤ 兵八进一（红方胜势）

第127型

第1题

① 炮八进四　象5退3

② 炮八平六　士5退4

③ 兵一进一　士4进5

④ 车三进一（红方胜势）

第2题

① 兵二平三　炮6平5

② 兵三平四　炮5进2

③ 兵五进一　车5平3

④ 车一进五　将6进1

⑤ 仕五退六（红方胜势）

第3题

① 车五退一　炮1退3

② 炮八平一　炮1平9

③ 车五平一（红方胜势）

第4题

① 车二平四　士5进6

② 车五进二　车2进1

199

③兵七进一（红方胜势）

第128型

第1题
①车三退二　象7进5
②车三平四　卒5平6
③车六平三（双方和势）

第2题
①车六平七　后车进1
②车五平七　车3平8
③仕五退六（双方和势）

第3题
①炮五平三　炮7进7
②车三退二　车5平1
③车三平六（双方和势）

第4题
①兵六平五　车5进1
②马六退四　车5平3
③马四进三　象5进7
④相七进五　车3平4
⑤车三退一（双方和势）

第129型

第1题
①炮八平九　马4退5
②马七进六　马3退2
③马六退五　马2退1

④马七进九　马5退7
⑤马九退七（红方胜势）

第2题
①兵五进一　炮2退5
②兵五平六　炮2平4
③炮六进四　将4进1
④兵六进一（红方胜势）

第3题
①马八退九　卒9进1
②马九退八　马6进7
③马五退三　卒9进1
④兵一进一　马7退9
⑤马八退六　马9退7
⑥兵九进一（红方胜势）

第4题
①炮三平六　士5进4
②炮六进二　将4进1
③帅五平六　士6进5
④马四退二（红方胜势）

第130型

第1题
①兵四平三　炮4平9
②相三进一　炮9平1
③兵三进一　炮1退7
④兵三进一（红方胜势）

第2题
①马三进二　车1退1

②车六进二　车1平4

③马四进六（红方胜势）

第3题

①车九平四　车6退3

②马六进四　象3进5

③兵九进一　将6平5

④马七进九　炮9进5

⑤相五退三　炮9退5

⑥马九进七　将5平6

⑦兵九进一（红方胜势）

第4题

①车二平六　车3进1

②车六退六　炮2平4

③相五退七　炮4退7

④兵一进一（红方胜势）

第 131 型

第1题

①马八退七　炮5平6

②炮五平四　炮6进5

③仕五进四　马2退4

④兵九进一（红方胜势）

第2题

①马八进七　将6平5

②前马退九　马5退7

③马九进七　卒9进1

④兵一进一　前马进9

⑤兵五进一（红方胜势）

第3题

①兵四进一　马4进5

②马五进七　将4进1

③兵四进一　士5进6

④兵三平四（红方胜势）

第4题

①马二进三　将5平6

②马三退五　马5进7

③马六进四　马6退5

④马四退三（红方胜势）

第 132 型

第1题

①马三进五　马7退8

②兵四进一　士5进6

③兵五进一　马8进7

④兵五平四　马7退5

⑤兵四平五（红方胜势）

第2题

①马一进三　马6退7

②兵五平四　马7进5

③兵四进一　士5进6

④马三退四（红方胜势）

第3题

①马五进三　将6平5

②兵四进一　马8进7

③兵五进一　象3进5

④兵四进一　将5退1

⑤马三退五（红方胜势）

第4题

①兵五进一　士5进6

②马七退六　将6退1

③兵五平四（红方胜势）

第133型

第1题

①马一进二　象7退9

②马六进五　士4进5

③马五进三　将5平4

④马三退一（红方胜势）

第2题

①炮五退一　炮4退2

②炮五平三　炮4平7

③兵三平四（红方胜势）

第3题

①马六进八　炮5进7

②仕五进四　炮3退2

③马八进九（红方胜势）

第4题

①马七进八　士5进6

②帅四平五　将5退1

③兵七平六（红方胜势）

第134型

第1题

①马二进四　炮3进1

②马七退八　炮3退1

③马八进九　炮3退1

④马九退七　炮1退1

⑤马七进五（红方胜势）

第2题

①马五进七　炮3平6

黑方如改走卒1进1，则兵五进一，炮7退5，马七进八，将4平5，后马退七，卒1进1，马七进六，接下来再兵五进一，红方有杀棋。

②马八退六　炮6退1

③马七退九　将4平5

④兵五进一（红方胜势）

第3题

①马三进五　士6退5

②兵六平五　士4进5

③马五进七　将5平4

④兵四平五　象3进5

⑤马七退六（红方胜势）

第4题

①兵四进一　士5进6

②马五进四　将5平6

③马八进六（红方胜势）

第135型

第1题

① 马五进四　将5平6

② 马四退三　卒5进1

③ 相三进五（红方胜势）

第2题

① 马七退六　车6进1

② 马六退四　卒6进1

③ 车六退一　卒6进1

④ 仕五进四（红方胜势）

第3题

① 车六平一　车1平4

② 帅五进一　卒1进1

③ 车一平九　车4退1

④ 车九退一　卒5进1

⑤ 兵五进一　车4平5

⑥ 车九平六（红方胜势）

第4题

① 兵三平四　车2进3

② 仕五退六　车2退7

黑方如改走炮6平7，则兵四平五，将4平5，车六进一，破双士后还有马三进四的手段，红方胜势。

③ 兵四进一　士5退6

④ 马三进五（红方胜势）

第136型

第1题

① 马三进四　车7平6

② 马四退六　车6平4

③ 马六进八　车4平7

④ 兵九进一（红方胜势）

第2题

① 车六平五　炮5平6

② 车五平四　车6平2

③ 马八进七　车2进1

④ 兵五进一　象7进5

⑤ 马七退五（红方胜势）

第3题

① 兵五进一　象3进5

② 车五进三　将5平4

③ 车五退一（红方胜势）

第4题

① 马五退四　马4进6

② 车三退三　车9退6

③ 车三平四（红方胜势）

第137型

第1题

① 车九退三　马8进7

② 炮一进三　士5退4

③ 车九平三　车4进1

④ 兵九进一　车4平1

⑤ 车三平六　将4平5
⑥ 兵九进一（红方胜势）

第2题

① 车七平九　炮4平3
② 车九退一　马4进6
③ 车九平七　马6进7
④ 车七退三　士5退6
⑤ 车七平三　马7退5
⑥ 炮七进一（红方胜势）

第3题

① 车三平五　象9退7
② 车五平九　将4平5
③ 车九平三　象7进9
④ 车三平一　马5进6
⑤ 车一进一（红方胜势）

第4题

① 车九平一　车4进4
② 兵九进一　马6进7
③ 车一平五　士6进5
④ 炮四进二　车4平9
⑤ 仕五退四　车9平6
⑥ 仕六退五（红方胜势）

第138型

第1题

① 马五退三　马5退7
② 相一进三　马7退8
③ 炮五平三　马3退4

④ 炮三进五　将6平5
⑤ 炮三退二　马4退2
⑥ 炮三平五（红方胜势）

第2题

① 炮六平九　将5平6
② 兵六平五　士6进5
③ 仕五进六　马6进7
④ 炮九进三　马4退5
⑤ 炮九平三（红方胜势）

第3题

① 炮二平三　士6进5
② 兵三平四　马4进2
③ 兵四平五　马2退4
④ 炮三进五　马7退8
⑤ 炮三平一（红方胜势）

第4题

① 炮一平六　马6退4
② 相五进三　士5退6
③ 马六退五　马4进2
④ 马五退六　马2退4
⑤ 马六进七（红方胜势）

第139型

第1题

① 车七平六　车4进1
② 马五进七　将4进1
③ 马七退六　炮5平4
④ 兵九进一　炮6退6

⑤兵九进一（红方胜势）

第2题

①炮七进四　后炮平2

②兵五平四　炮4退2

③兵四平三（红方胜势）

第3题

①马四进二　炮9平8

②炮一平七　炮4进4

③兵七进一（红方胜势）

第4题

①马四退六　炮6平4

②马五进四　象5退3

③马四进二　象7进5

④马二进三　将5平4

⑤炮三进三　炮6进3

⑥兵五进一　炮6平4

⑦兵六平五　前炮平5

⑧马三退四　象3进5

⑨兵五进一（红方胜势）

第140型

第1题

①炮八退八　马6进5

②炮八平一　将4退1

③炮一进五　马5进7

④炮一平九（红方胜势）

第2题

①炮八进八　将4进1

②兵四进一　士5进6

③马二退四　象7退5

④马四退五（红方胜势）

第3题

①兵六进一　象5退7

②炮五退一　炮4退1

③帅五平四　炮4进1

④炮五平四　马6进4

黑方如改走将6平5，则炮四平七，马6进4，兵六进一，士5进4，马八进六，红方仍可转换为马炮兵仕相全例胜马炮双象的残局。

⑤兵六进一　士5进4

⑥马八进六（红方胜势）

第4题

①兵四进一　象9退7

②兵四进一　炮4退1

③马六进五　将5平4

④炮五平二　炮4平3

⑤马五退七（红方胜势）

205